07.05.

Gisela Meier

Wie Sonne nach dunkler Nacht

D1829604

Gisela Meier

Wie Sonne nach dunkler Nacht

Ein Bericht

BRUNNEN VERLAG · GIESSEN/BASEL

ABCteam-Bücher erscheinen in folgenden Verlagen:
Aussaat- und Schriftenmissions-Verlag Neukirchen-Vluyn
R. Brockhaus Verlag Wuppertal
Brunnen Verlag und Brunnquell Verlag Gießen
Christliches Verlagshaus Stuttgart
Oncken Verlag Wuppertal

CIP-Kurztitelaufnahme der Deutschen Bibliothek

Meier, Gisela:
Wie Sonne nach dunkler Nacht: e. Bericht / Gisela Meier. –
3. Aufl. – Giessen; Basel: Brunnen-Verlag, 1987.
(ABC-Team; 349)
ISBN 3-7655-2349-6
NE: GT

3. Auflage 1987

© 1984 Brunnen Verlag Gießen
Umschlagfoto: ZEFA/Stuckey
Umschlaggestaltung: Martin Künkler
Satz: Typostudio Rücker & Schmidt
Herstellung: St.-Johannis-Druckerei, Lahr

Das Tor fällt ins Schloß.

Ich stehe im Freien. Gerade gegenüber sehe ich meinen Baum, der mich all die Jahre durch das vergitterte Fenster hindurch begleitet hat: Frühling, Sommer, Herbst und Winter. Jetzt ist er kahl. Ein grauer Novemberhimmel scheint durch die Äste. Irgendwo läutet eine Glocke. Elf Uhr.

Erna, die Pflegerin, ergreift munter meinen Arm. Sie trägt den Koffer, den mir Susanne geschenkt hat.

Bis zum Bahnhof sind es zehn Minuten zu Fuß. Worauf warte ich noch? Ich sehe die Straße hinunter. Warum steht Markus nicht dort? Immer habe ich ihn auf der gegenüberliegenden Seite gesehen –, wie er da steht und auf mich wartet. Markus, mein Sohn, inzwischen ein großer Junge. Aber da ist niemand. Ob Urs, sein Vater, ihn zurückgehalten hat?

Ich lasse mich von Erna führen. Ist das nun Wirklichkeit, oder träume ich? Die neuen Gummistiefel quietschen. Im Koffer ist alles, was ich besitze. Ein Zuhause habe ich nicht mehr: kein Bett, keinen Stuhl, nichts. Ein Fahrzeug kommt uns entgegen. Schnell blicke ich zu Boden. Aber das ist nicht nötig. Der Fahrer beachtet mich überhaupt nicht.

Da ist das kleine Dorf, der Bahnhof. Erna soll mich an den neuen Ort bringen. Die Fürsorgerin hat sich darum bemüht. Es soll ein Erholungsheim sein, am Fuß des Brocken. Man läßt mich dort in der Waschküche arbeiten. Ich werde wieder für mich selbst sorgen können und mir nach und nach das Nötigste anschaffen. Viel ist es ja nicht, was ich brauche. Ich habe gelernt, mit wenigem auszukommen.

Der Zug fährt ein. Hat Erna etwas gesagt? Ich habe gar nicht hingehört. Seltsam ist mir zumute. Als ob ich durch dichten Nebel ginge, der jeden Laut verschluckt. Aber Erna erwartet gar keine Antwort. Sie ist froh, etwas Abwechslung zu haben, frische Luft schöpfen zu können. Ein stiller, gütiger Mensch ist sie. Ein Wunder, daß sie dort noch nicht Schaden genommen hat. Man darf sich eben nicht alles so zu Herzen nehmen, hat sie mir erklärt.

Herbstliches Land, Nebel über den Hügeln, rotes Laub, Straßen, die wie Bänder die Landschaft zerschneiden. Der Zug rattert über Weichen, dröhnt gleichmäßig dahin.

Ich schließe die Augen. Am besten, man läßt sich los, denkt nichts, fühlt nichts. Aber es will mir nicht gelingen. Etwas anders habe ich mir diese Stunde schon vorgestellt. Aber wie? Kann ich nicht zufrieden sein? Greta hat es mir noch vorgestern mit häßlichem Lachen ins Gesicht geschleudert: „Lebenslänglich hättest du bekommen, wenn nicht ..." Brenda, meine Ärztin, hat sie verärgert zurechtgewiesen. Aber es war schon gesagt, und die Worte ließen sich nicht mehr zurücknehmen. Ja, da sitze ich und fahre in die Freiheit. Ich betrachte mein blaues Wollkleid, meine dünnen Hände mit den kurzen Nägeln. Gehören sie mir, diese Hände? Wer bin ich überhaupt?

Stunde um Stunde sind wir gefahren. Hinter Gebensdorf merke ich, wie meine Knie zu zittern beginnen. Dort ist die Waldkuppe hinter meinem Dorf. Die Kirchturmspitze ragt stumpf hervor. In unzähligen Träumen gesehen und erlitten; der Ort, in dem ich lebte, wo einmal alles gut war.

Es war wohl doch keine so gute Idee, hierher zurückzukehren. Auswandern hätte ich sollen. Weit weg in einen fernen Kontinent, wo es keine Erinnerungen gibt.

Jutta wollte mir einmal dabei helfen. Sie war meine Jugendfreundin. Ein einziges Mal hat sie mich in der Anstalt besucht. Mein aufgeschwemmtes Gesicht, meine Teilnahmslosigkeit und so hoffnungslos erscheinende Zukunft hatten sie so entsetzt, daß sie beschloß, mir zur Flucht zu verhelfen. Sie erwirkte die Erlaubnis, mich zum Weihnachtsfest einzuladen. Mit gefälschten Papieren sollte ich versuchen, nach Frankreich und von dort nach Amerika zu fliehen. Ihre gesamten

Ersparnisse gingen dafür drauf. Sie brachte mich mit ihrem Auto bis an die Grenze. Einen Koffer mit Kleidern und Wäsche hatte sie mir besorgt.

Bei Nacht und Nebel kam ich über die Grenze in ein kleines Vogesendorf. Die ersten Tage hielt ich Autofahrer an, die in Richtung Westen fuhren. Es ging ohne Zwischenfall. Ich kaufte mir Brot, Milch und Früchte.

Einmal stieg ich in ein leerstehendes Ferienhaus ein und blieb dort zehn Tage. Es gab da ein Radio, sogar ein Fernsehgerät. Man suchte mich. Mein Gesicht wurde am Bildschirm gezeigt. „Die Patientin ist schwer depressiv. Es besteht die Gefahr einer Kurzschlußhandlung. Die Gesuchte sollte entsprechend vorsichtig behandelt werden."

Ich hatte damals ein merkwürdiges Gefühl, als ginge mich das gar nichts an. Aber ich wußte auch nicht, was ich mit meiner Freiheit anfangen sollte. Zäh verstrichen die Stunden. Allmählich vermißte ich auch die beruhigenden Medikamente. Ich begann zu zittern. Der Schweiß brach mir aus. Ruhelos wälzte ich mich in den schweren Laken. An Schlaf war nicht zu denken. Mit zitternden Händen wusch ich mein verklebtes Haar, bügelte die Bluse, meinen Rock und verließ das Ferienhaus. Vielleicht, daß ich in der neuen Welt eine Arbeit finden würde, bei der ich allmählich wieder gesund werden konnte?

In Le Havre wurde ich festgenommen. Man hatte mein Gesicht auf allen Kanälen gezeigt. So kam ich zurück. In die geschlossene Abteilung. Zwei Jahre Verlängerung wegen meiner Flucht.

Viele Stunden grübelte ich darüber nach, was ich anders hätte machen können. Aber im Grunde war es mir einerlei, wo ich vegetierte. Hier oder dort. In mir war ohnehin kein Funke Lebensfreude. Also konnte ich ebensogut auch hier zugrundegehen.

Gebensdorf.

Ich sehe das hellrote Dach unseres Einfamilienhauses hinter der mächtigen Scheune des Bauern Schöllhorn. Wieviele Jahre lebte ich dort, lärmten die Kinder durchs Haus, kochte ich, brachte die Zimmer in Ordnung, wusch und bügelte die Wäsche, nachdem ich sie im Garten zum Trocknen aufgehängt hatte. Wenn die Kinder schliefen, gingen Urs und ich oft zusammen über die Felder, den Weg zum Hügel mit dem Blick über das weite Land, die Dörfer, deren Lichter durch das Dunkel funkelten. Es gab so viel zu sagen; aber es war auch schön zu schweigen, den Arm des Gefährten um die Schulter.

Viele Jahre vergingen so, gut und voller Frieden. Kleine Wolken verschwanden, wie sie gekommen waren. Urs führte uns alle, bestimmte unser Leben. Aber ich fügte mich, ohne darunter zu leiden.

Immer um diese Jahreszeit begannen die Vorbereitungen für Weihnachten. Im Wohnzimmer brannte die dicke, rote Kerze, an den Türen hing Tannenreis. Wie die Kinder da lachten und tuschelten, wie geschickt die kleinen Hände zu malen, kleben und auszuschneiden wußten, während die frühe Winternacht anbrach ...

Der Zug fährt ein.

Es ist drei Uhr, als wir das große Gebäude inmitten mächtiger Kastanien erreichen. Man sitzt in der gemütlichen Halle an runden Tischen, Nachmittagstee.

Maria, die Leiterin, eine hochgewachsene Frau mit angegrautem Blondhaar, empfängt mich mit gütigem Blick. Viele Gäste sind da, vor allem ältere Leute. Das Personal mischt sich zwanglos unter sie. Erna trinkt einen Kaffee. Dann steht sie auf, verabschiedet sich. Ganz offensichtlich ist sie froh darüber, ihre Verantwortung los zu sein.

Mein Zimmer teile ich mit Ruth, die ebenfalls in der Wäscherei arbeitet.

Besucher werde ich hier wohl kaum haben. In den vergangenen Jahren haben immer wenigere den Weg zu mir gefunden. Ich mißtraute jeder Freundlichkeit, und das spürten sie wohl. Das Buchzeichen, das mir Markus aus den Herbstferien schickte – wohl ohne Wissen seines Vaters? –, hänge ich über mein Bett, damit ich es immer vor Augen habe. Es ist das einzige, was mein kaltes Herz erwärmt. Mein Kind! Noch habe ich ein Kind, und es lebt. Wenn er größer ist, wird er mich besuchen? Vielleicht? Ich werde ihn ansehen, seine Hand halten können. Was wäre das für ein Glück für mich.

Wenn die Wand über mich kommen will, die graue, dann stelle ich mir meinen Jungen vor, wie er zur Tür hereinkommt. In seinen Augen liegt keine Anklage. Er hat immer an seine Mutter geglaubt, ihr verziehen. Das weiß ich.

Ruth kommt. Mit einem Seufzer läßt sie sich auf das Bett fallen, zieht die Schuhe von den geschwollenen Füßen.

„Wieder ein Tag geschafft."

Morgen werde ich neben ihr arbeiten. Nicht an morgen denken! Heute lebe ich. Das Gestern ist vorbei. Was morgen sein wird, weiß ich nicht. So jedenfalls lautete der Wahlspruch meiner Psychotherapeutin.

„Ist die Arbeit hart?" frage ich.

„Überhaupt nicht! Aber arbeiten ist nie hart. Nicht arbeiten zu dürfen ist hart. Ich war zehn Jahre lang arbeitsunfähig. Wie habe ich da alle beneidet, die zur Arbeit gehen konnten. Daß ich es jetzt auch wieder kann, ist ein Wunder für mich. Anstrengend ist es schon. Aber es ist herrlich, nach einem Arbeitstag Feierabend zu haben. Findest du nicht? Ach so: Man duzt sich hier, ohne lange zu fragen. Warum auch nicht? Wir sind doch ohnehin fast gleichaltrig."

„Hast du keine Familie?"

Mein Herz krampft sich zusammen. Die gefürchtete Frage. Ich stelle mich taub. Ruth versteht. Sie gießt Wasser in die kleine Kaffeemaschine, füllt Pulver ein. Es riecht aromatisch. Bald dampfen zwei Tassen auf dem kleinen Tisch am Fenster.

„Ich habe keine Familie", sagt mir Ruth. „Das heißt: nicht mehr. Ein privater Weltuntergang. Aber da bin ich immer noch, ich habe überlebt."

Was mag geschehen sein? Eine Scheidung? Todesfälle? Zerwürfnis? Ich möchte es gerne wissen, aber ich frage nicht. Ruth rührt in der Tasse. Sie spricht nicht weiter.

Ein früher Abend im November. Nebel vor den Fenstern. Milchige Lichter, die matt hindurchscheinen. Irgendwo ein Gong. Schnelle Schritte auf dem Parkett. Ich habe fest und gut geschlafen.

Als ich wach werde, muß ich mich besinnen. Da ist nicht mehr der Baum auf dem Hügel, auf den ich vier Jahre lang durch mein vergittertes Fenster gesehen habe. Jetzt blicke ich in einen Park; viele Bäume, fast ganz entlaubt, ein Weg, der sich zum See hinunterschlängelt. Der Nebel ist weg. Die Sonne scheint gleißend hell, glitzert auf dem Wasser, glänzt auf nebelnassen Ästen. Es riecht nach frischem Kaffee. Vor dem Fenster ist kein Gitter. Schritte auf dem Parkett. Wieder ein Gong.

Ruth ist schon weg. Es ist Zeit für mich aufzustehen. Ah, hier steht ja eine Schale mit Kaffee. An die Tasse gelehnt eine kleine Spruchkarte: „Siehe, um Trost war mir sehr bange. Du aber hast dich meiner Seele herzlich angenommen, daß sie nicht verdürbe, denn du wirfst alle meine Sünden hinter dich."

Was weiß Ruth von mir?

Es duftet nach Seife und frischer Wäsche.

Wir stehen im Wäschedampf und bügeln. Leise Musik klingt aus dem Lautsprecher. Ich bin froh darüber, so brauche ich nicht zu sprechen. Ruth bügelt mir gegenüber. Der Saal ist hell, ringsum Fenster. Man sieht auf einen kleinen Hof und auf den See mit den Hügeln dahinter. Überall ist ein stetes Kommen und Gehen. Menschen werden geführt oder in Rollstühlen gefahren. Viele Schwestern, die Kranke in das Hallenbad begleiten. Der Turnsaal liegt auch in der Nähe. Wir sind hier in einem Erholungszentrum.

Schon bald schmerzen meine Schulterblätter. Die Arbeit ist ungewohnt. Aber bloß nicht jammern! Ich darf nie vergessen, wie froh ich sein muß, daß man mich hier aufgenommen hat.

Gegen Mittag stürmt eine Schar junger Mädchen in den Raum. Sie rennen, lachen, freuen sich. Sechzehn mögen sie sein. Haushaltsschülerinnen, die hier ihr Praktikum machen.

War auch ich einmal so jung? Habe auch ich gelacht; albern, einfach nur so? Ich kann mich nicht erinnern.

Im hellen Speisesaal kann man die Gäste nicht von den Angestellten unterscheiden. Das finde ich bemerkenswert. Die Schülerinnen servieren. Sie finden alles lustig. Das Mädchen an unserem Tisch hat die größte Mühe, nicht laut loszulachen. Es hat ein rundes Gesicht mit frischen Lippen. Sommersprossen bedecken die kleine Nase. Ihr Haar ist ein krauses Gespinst von dunklem Kupfer. Sie bedient uns flink und geschickt. Das Essen ist gut. Ich nehme mir zum zweiten Mal.

Am Kopfende des Tisches sitzt eine Schwester mit einer Diakonissenhaube. Sie liest als Dank einen kurzen Bibeltext. Aha, man ist hier fromm.

Nun habe ich zwei Stunden Mittagspause.

Füße und Gelenke tun mir weh. Ich lege mich auf mein Bett und schließe die Augen. Ruth sagt, daß sie auf ihrer Bank am Waldrand etwas lesen möchte, weil doch die Sonne noch so schön warm scheint.

Im nächsten Augenblick schlafe ich schon. Da ist eine Straße, eine fremde. Viele Menschen sind es, die da entlanggehen. Da ist ein weites, flaches Tal. Vorn sieht man, wie die Felder den Himmel berühren. Keiner spricht ein Wort. Man hört nur das Trappeln und Schlürfen der vielen Füße.

Woher kommen wir? Wohin gehen wir? Wer faßt nach meiner Hand? Es ist eine kleine Hand, die sich in meine schmiegt. Ich halte sie fest, ganz selbstverständlich. Dann durchbohrt es mich wie eine scharfe Lanze: Wer geht hier an meiner Seite? Mühsam wende ich den Kopf. Es ist, als hätte ich Blei in den Gliedern. Auch die Augen sind schwer. Es will mir nicht gelingen, sie zu öffnen. Dann erwache ich. Ich bin naß von Schweiß, mein Herz zittert und jagt in harten Stößen. Ein Blick auf die Uhr. Ich habe kaum fünf Minuten geschlafen. Ich drehe mich zur Seite. Das Sonnenlicht blendet mich. Tief atmen, durchatmen, ruhig, ganz ruhig!

Ich muß noch einmal eingenickt sein. Diesmal träume ich nicht. Ein Klopfen weckt mich.

„Herein!“

Es ist die Schwester vom Büro.

Ich setze mich auf, streiche über mein Haar.

„Wir hörten, daß Sie gut Englisch sprechen und schreiben“, beginnt sie. „Wir haben hier einen komplizierten Bericht, den wir in wenigen Tagen nach England schicken sollen. Unsere Englischkenntnisse reichen dafür leider nicht aus. Könnten Sie uns behilflich sein?“

O ja, nur zu gern. Eine willkommene Abwechslung. Vielleicht kann man mich ja wieder einmal brauchen!? Eine kleine Aufwertung.

Schwester Elsbeth nimmt mich gleich mit in ihr Büro. Die Wände sind aus Holz, eine warme Goldfarbe. Ein Schreibtisch steht für mich bereit. Ich hoffe, daß ich nicht alles vergessen habe. Aber nein, da tauchen sie wieder auf, die Worte und Sätze, als hätten sie nur geschlummert. Lange, lange.

Am Abend meines ersten Arbeitstages gehe ich hinauf zum Waldrand. Die Sonne ist untergegangen, aber der Himmel flammt rot. Die Nebel kriechen taubenblau aus den Tälern. Der Abendstern kann es kaum erwarten hervorzukommen. Kalt und klar flimmert er über dem Hügel jenseits des schmalen Sees. Es wird kalt. Es riecht nach Rauch und welkem Laub.

Den ersten freien Tag benutze ich, um in mein Dorf heimzufahren. Wie könnte das auch anders sein, wo ich doch im Wachen und im Träumen immerzu dort bin, das Jauchzen der Kinder höre, ihr lautstarkes Streiten schlichte, ihre Spiele begleite. Könnte es nicht sein, daß die Jahre ins Nichts versinken, wenn ich mich jetzt auf die Bank hinter dem Haus setze? Daß ich wieder da bin, unbelastet, ohne Sorgen, die Mutter dreier gesunder Kinder?

In all den Jahren habe ich mir immer wieder den Augenblick vorgestellt, wo ich über die Schwelle unserer Haustür trete und alles so vorfinde, wie es war.

Die Bahnfahrt dauert nur drei Stunden. Wie vertraut mir doch die Landschaft ist. Dort haben wir unsere Waldspaziergänge gemacht, drüben unsere Picknicks abgehalten, beim

Bauern Werdmüller unsere Milch geholt, beim Schützenhaus wilde Erdbeeren gepflückt. Alles ist wie immer.

Jetzt hält der Zug. Da ist der alte Schuppen, in dem die Kinder Verstecken spielten. Gras wächst zwischen den Gleisen. Das Stationsgebäude ist noch verrußter als früher.

Ich schlage den Mantelkragen hoch und ziehe das Kopftuch tiefer in die Stirn. Niemand braucht mich zu erkennen. Dort kommt der Postbote Schellhammer. Ein prüfender Blick. Nein, er hat mich nicht erkannt. Mit eiligen Schritten laufe ich die Dorfstraße entlang. Jetzt biege ich in die alte Wiesenstraße ein. Dort sehe ich bereits den Giebel unseres Hauses. Ob es bewohnt ist oder leersteht? Rauch steigt aus dem Kamin. Der Kachelofen ist in Betrieb. Also bewohnt!

Ich habe es mir immer leer vorgestellt, oder vielmehr: bewohnt von unserer Familie. Das konnte ich natürlich niemandem sagen. Man hätte sich bezeichnend an die Stirn getippt. Wie komme ich nur unbemerkt am Küchenfenster vorbei und auf die Rückseite des Hauses? Nun, wenn es jemandem auffällt, dann werde ich sagen, daß ich mich hier nur ein wenig ausruhen möchte.

Kein Gesicht ist hinter der Scheibe zu sehen. Rotkarierte Vorhänge sehe ich und ein Vogelhäuschen. Die Bank ist unbequem. Man muß die Füße anstemmen, damit man nicht nach vorn rutscht. Wie oft habe ich hier gesessen, strickend, nähend; ich habe die Bohnen geschnitten, Äpfel geschält.

Alles ist still. Die Kinder sitzen wohl beim Essen. Aber vielleicht sind gar keine Kinder da? Mein Herz hämmert. Ich lausche, warte. Gleich wird die Tür auffliegen, und Mirjam wird mich holen. Oder Esther stürzt um die Ecke, den blonden Zopf aufgelöst. Kann es denn nicht sein, daß alles nur ein böser Traum war? Daß ich jetzt und hier erwache, und alles ist gut?

In meinem Hinterkopf bohrt ein stechender Schmerz. Die Spannung war zu groß. Jetzt läutet es Mittag vom nahen Turm. Der Nachbar knattert mit seinem Motorrad um die Ecke. Schulkinder kommen schwatzend die Straße entlang. Meine Kinder sind nicht darunter.

Meinetwegen bewegt sich der Globus nicht rückwärts, werden die vergangenen Jahre nicht ausgelöscht. Was geschehen ist, kann man nicht rückgängig machen, Schuld kann man nicht auslöschen, wie Kreide mit einem nassen Schwamm. Nein, alles bleibt, wie es ist. Ich habe mehr Schuld auf mich geladen als alle anderen. Warum nur durfte ich nicht auch sterben? Wer hatte das Recht dazu, mich daran zu hindern? Kann man denn das, was ich jetzt führe, überhaupt noch als Leben bezeichnen? Wozu soll ich mich jeden Morgen mühevoll aufraffen? Wem fehle ich, wenn ich nicht mehr da bin? „Sie hat sich selbst gerichtet", wird man allenfalls sagen. Nein, es bringt nichts, daß ich hergekommen bin. Im Gegenteil. Wunder gibt es nicht mehr. Was geschehen ist, ist geschehen. Keine Macht der Welt kann daran etwas ändern.

Jetzt bewegt sich die Tür hinter meinem Rücken. Eine fremde, junge Frau schaut heraus. Hinter ihr sehe ich hinein in die Wohndiele, in das Wohnzimmer. Der Gummibaum steht noch beim Eckfenster, die goldbraunen Wände sind noch unverändert, die geflochtene Lampe beim Kamin. Ich brauche nur aufzustehen und hineinzugehen –, und alles ist wie immer.

Aber dann blicke ich in die angstgeweiteten Augen der Frau. Sie ahnt, wer ich bin. Mit einem heftigen Ruck schlägt sie die Tür hinter sich zu. Ich höre, wie sie den Schlüssel umdreht.

Blind vor Tränen stolpere ich auf die Straße.

Jetzt gehe ich auf den Friedhof neben der alten Kirche. Das Grab ist mit Tannenreis zugedeckt. In einem Topf stehen rosa Christrosen, schon halb verblüht. Auch hier bleibt alles stumm. Schweigend spannt sich der Himmel über das herbstliche Land.

Wenn er doch käme, den Himmel zerreißen würde, um mit dem Schall der Posaune alle zu wecken, die hier schlafen! Hat Vater nicht immer wieder davon gesprochen? Darauf gehofft und gewartet? Ja, auch Vater liegt im Grab. Er hat den Tag, von dem er so oft predigte, nicht sehen dürfen. „Ein Zeichen, Herr, gib ein Zeichen, daß du bist, daß du über all diesem

Grauen stehst, daß du mich nicht verstoßen hast!“, schreit es aus mir heraus. Ich habe das Beten verlernt in all den Jahren. Blinder Zufall waltet. Die Menschen kommen und gehen. Ob sie gut oder schlecht sind –, sie leben und sterben und verwesen. Wie die Blume, die blüht und verwelkt und nicht mehr gefunden wird. Ich warte dennoch und lausche …

Alles bleibt still. Warum sich an Strohhalme klammern? Habe ich in den vier Jahren nicht hinreichend erfahren, daß es nichts geben kann zwischen Himmel und Erde? Daß dich keiner hört? Sonst hätte das alles nicht geschehen können. Vergiß, vergiß!

Da schwebt ein Schmetterling durch die Luft, ganz in Blau und Gold. Er setzt sich auf die Weide. Woher kommt er in dieser Jahreszeit? Der Sommer ist doch so fern. Sollte er etwa ein Zeichen sein?

*

Am Sonntag ist Ruth in die Stadt gefahren. Was sie dort tut, hat sie nicht gesagt. Ich bin froh, das Zimmer für mich allein zu haben.

Zuerst schlafe ich aus, lange. Dann mache ich mir eine Tasse Kaffee und schlafe wieder. Um zehn Uhr höre ich Gesang aus dem großen Saal. Es sind junge Stimmen, wahrscheinlich die Schülerinnen. Was singen sie? Die Melodie kenne ich. Die Worte fallen mir nicht mehr ein. Ich hätte hingehen und zuhören können, aber wozu? Der Tag liegt lang und leer vor mir.

Ich ziehe mich an. Langsam. Zum Frühstück komme ich zu spät. Ich will nach Hohenaar gehen. Dort gibt es ein kleines Café. Es sind nur zwanzig Minuten Fußweg, immer am Seeufer entlang. Auf der Straße hält ein Autofahrer. Er wird sich nach dem Weg erkundigen wollen. Aber nein, er fragt, ob er mich mitnehmen kann. Warum nicht? Ich bin hungrig.

Es ist kein Fremder, wie ich erfahre. Der Mann ist Gast in unserem Haus. Er hat mich im Speisesaal gesehen.

„Sie haben so traurige Augen."
Ich erschrecke. Sage nichts.
„Wohin darf ich Sie fahren?"
Er lädt mich vor dem kleinen Café ab, steigt auch gleich aus. „Darf ich Ihnen so lange Gesellschaft leisten?"
Ich weiß nicht. Lieber wäre ich allein. Nur keine Fragen. Aber er stellt keine.
Das Frühstück ist gut. Es wärmt. Der Gast – Tibor heißt er – ist vielleicht Ende dreißig, hat dünnes Haar, gütige, kluge Augen und spricht einen fremdklingenden Dialekt. Er ist Ungar und damals bei dem großen Aufstand geflüchtet. Weil er auf der schwarzen Liste steht, darf er seine alten Eltern niemals besuchen. Er hat oft Heimweh, aber das hilft nichts. Die Heimat bleibt ihm verschlossen.
„Mit einem falschen Paß vielleicht", sagt er abschließend.
Was meint er damit? Ich frage nicht.
Er kann es kaum lassen, etwas von mir zu erfahren. Ich schüttle den Kopf. Er würde sofort aufstehen, weggehen. So ist es besser. Er mag von mir halten, was er will. Nur nicht die Wahrheit erfahren.
Tibor ist ein guter Erzähler. Er hat eine gutbezahlte Stelle in Augsburg. Vor einem Jahr streikte plötzlich die Lunge. Kuraufenthalt, Sanatorium, jetzt zur Erholung hier. So zwei bis drei Monate. Schwer zu ertragen, das Nichtstun. Aber notwendig. Tibor liest viel. Wenn ich mag, leiht er mir gerne Bücher aus. Aber ich mag nicht. Nur darf ich das nicht sagen.
Jetzt schlägt mir Tibor vor, am Nachmittag mit ihm zu wandern. Er weiß einen Weg, gar nicht steil. Er soll viel laufen, aber ganz gemächlich. Zu zweit ist es besser. Man grübelt dann nicht so viel. Gibt es denn etwas zu grübeln? Das will er mir am Nachmittag erzählen. Ich habe nichts Besseres vor. Der lange Sonntag liegt mir ohnehin auf der Seele. Warum also nicht mit diesem Tibor?
Beim Mittagessen setzt er sich ungeniert neben mich. Es gibt ja auch nichts zu verbergen. Ruth schaut schnell von mir zu ihm. Sie ist sichtbar froh für mich, erhofft sich eine Aufmunterung der allzu stillen Zimmergenossin.

Der Wald ist kühl und still. Vögel gibt es nicht mehr um diese Jahreszeit. Gut, daß ich den warmen Mantel angezogen habe. Aber nachher wärmt die Sonne wieder. Es geht langsam bergauf bis zu einem Kamm, von wo aus man weit über das Land sieht. Kirchtürme inmitten roter Dächer, weiße Bänder von Landstraßen, Wälder und Telefonmasten.

„Irgendwo da drüben liegt Frankreich, das Land meiner Sehnsucht", deutet Tibor mit einer vagen Handbewegung an.

„Viele Jahre habe ich dort gewohnt. Mein eigentliches Leben. Ich verliebte mich, heiratete. Wir bekamen einen Jungen. Die beste Zeit meines Lebens. Und doch gab es von Anfang an Schwierigkeiten: zwei grundverschiedene Wesen verschiedener Herkunft, Nationalität und Religion. Nicht viel Gemeinsames. Aber es war immer wieder schön. Ein Haus bei Sètes – da müssen Sie mal hinfahren, sehr schön, ganz im Süden des Landes –, das nahe Meer, die Camargue mit ihren wilden Pferden, den Wasservögeln, die Alleen mit den verwitterten Steinhäusern, die Lavendelfelder, ganz blau, und die Pinienwälder mit ihrem Harzgeruch. Schön, unvergeßlich. Renées Haus, von ihrem Vater geschenkt, stand am Ende der Straße. Ein Steinhaus am Hang eines Weinberges. Dort wuchs unser Ives auf, ein stilles, aber aufgewecktes Kind. Wir wollten noch mehr Kinder, aber er blieb das einzige. Vielleicht, wenn er Geschwister gehabt hätte ... Renée fühlte sich nicht ausgefüllt. Arbeitsmöglichkeiten gab es im weiten Umkreis keine. Die Arbeit in Haus und Garten war schnell getan. Ich mußte früh weg und kam erst zurück, wenn es schon dunkel war.

Es gab im Dorf einen Gutsbesitzer, einen seltsamen Kauz. Er lieh ihr Bücher aus. Sie konnte nicht genug davon bekommen. Beide sprachen oft miteinander, es entstand eine besondere Vertrautheit, so eine Art ‚Seelenverwandtschaft'. Ich spürte die wachsende Entfremdung, kämpfte dagegen. Umsonst. Eines Tages war es soweit. Sie verließ mich. Das Haus überließ sie mir, Ives nahm sie mit zu ihrem Freund. Lange konnte ich es dort unten nicht aushalten. Die Leere und Öde waren furchtbar.

So kam ich nach Deutschland, fand Arbeit, neue Freunde. Ives sehe ich zweimal im Jahr in den Sommerferien und über Neujahr. Wir genießen es, zusammen zu sein, und er sagt voller Stolz: Ich habe einen Vater."

Wir gehen die Straße entlang. Es ist still zwischen uns, zu still. Tibor erwartet wohl, daß ich von mir erzähle. Kann ich das?

Das Schweigen wird bedrückend.

„Ich war lange krank", sage ich schließlich. „Seelisch krank. Jetzt bin ich hierhergekommen, um gesund zu werden. Ich arbeite zum ersten Mal wieder regelmäßig. Aber Freude darüber habe ich noch nicht empfunden."

Das klingt mager und ärmlich, ich weiß es selbst. Aber was könnte ich sonst sagen? Tibor deutet in die Ferne. Wie Rauch liegt der Spätherbstnebel über den abgeernteten Feldern. Ein weißes Haus steht dort unter entlaubten Bäumen.

„Ich habe Hunger", lacht er. „Du auch?"

Wir trinken süßen Most und essen eine Bauernplatte. Es schmeckt gut. Tibor schaut mich forschend an. „Immer noch keine Freude? Ich finde, es ist alles da, was wir zum Fröhlichsein brauchen: ein freier Sonntagnachmittag, Sonne, gutes Essen, ein gutes Gegenüber. Reicht das nicht zur Freude?"

„Ich habe es verlernt", erkläre ich.

Wenn ich ihm nur nicht die Stimmung verderbe. Ich lausche in mich hinein. Tönt nicht eine ferne Glocke? Wird das Herz nicht weiter? Ist die Last nicht weniger drückend? Ich weiß es nicht.

Auf dem Rückweg faßt er meine Hand. Sie ist warm und trocken. Es geht sich gut so. Der Abend bricht früh herein. Die untergehende Sonne hat die Nebelschwaden rot gefärbt. Ganz deutlich meine ich unser Haus zu sehen: das tief heruntergezogene Dach, Licht hinter den Fenstern. Die Kinder spielen auf dem Vorplatz. Sie wollen das letzte Licht des Tages ausnützen und noch nicht hineinkommen. Am Vortag haben sie Futterrüben ausgehöhlt und kunstvoll verziert. Jetzt zünden sie die Kerzen an und gehen ordentlich hintereinander um das Haus.

Die Wehmut des späten Sonntagabends erfaßt mich. Ich möchte Urs sagen, daß ich traurig bin. Aber er wird es nicht verstehen, mich undankbar nennen. Dabei kannte ich es schon als Kind, aber mit den Jahren ist es stärker geworden: dieses unentrinnbare Gefühl der Traurigkeit. Unter der Lampe, im warmen Wohnzimmer wird es besser sein ...

Wir sind da. Tibor läßt meine Hand los. Habe ich die ganze Zeit geschwiegen? Kein kurzweiliger Weggefährte, wahrhaftig. Tibor lächelt eifrig: „Das machen wir wieder zusammen. Es war schön." Jetzt lächle ich auch. „Deine Augen sind ein ganz klein wenig fröhlicher geworden", sagt er.

Ruth ist bereits im Zimmer. „War es schön?" fragt sie. Sie schaut mir forschend ins Gesicht. „Du siehst gut aus", ruft sie. „Der Ungar tut dir gut. Er ist nett, nicht wahr?"

„Erzähl mir von dir", bittet Ruth, als wir vom Abendessen zurückkommen. „Von deiner Jugend, deinen Eltern und so."

Vielleicht tut es gut zu reden. Ich habe es lange nicht getan. Die unausgesprochenen Gedanken werden dann zu einem Knäuel, fest und fester, bis er ganz hart ist, nicht mehr zu entwirren.

„Ich hatte eine schöne Jugend", beginne ich. „Mein Vater war Pastor in einer aktiven, lebendigen Gemeinde. Wir wohnten oben über der Kapelle. Es war eine geräumige, sehr gemütliche Wohnung. Ich fand es wunderbar, in einem Gotteshaus zu wohnen, und es schien auch, als würde ein besonderer Segen über allem liegen. Mit meinen beiden Brüdern arbeitete ich gern in der Jugendgruppe mit, und als Tochter des Pfarrers brachte man mir viel Wohlwollen entgegen. ‚Gisela ist ein nettes Mädchen', gab man mir immer wieder zu verstehen. Und das spornte mich dazu an, besonders freundlich und aufmerksam zu sein. In der Jugendgruppe war ich Mittelpunkt. Jeder Junge wollte mich zur Freundin haben. Aber damit hatte es keine Eile. Ich hatte Zeit und genoß meine Freiheit.

Dann kam Walter, ein Vikar. Er war ein ernster, junger Mann, sehr klug und von tiefer Frömmigkeit. Durch ihn merkte ich, daß mein Glaube nur anerzogen und ohne festen Grund war. Aber das sollte niemand merken. In dieser Zeit las ich viel, um in Diskussionen mithalten zu können. Mir schien, daß Walter mich durchschaute und nicht ernst nahm. Weil er bei uns wohnte, waren wir jeden Tag zusammen. Als ich schon glaubte, ihn gewonnen zu haben, gestand er mir, bereits verlobt zu sein. Er brachte auch sein Mädchen zu uns. Deshalb also waren alle meine Künste wirkungslos an ihm abgeprallt. Zum ersten Mal in meinem Leben ging etwas nicht nach meinem Willen. Ich merkte, daß häßliche Gefühle in mir wohnten, von denen ich nichts geahnt hatte: Neid, Zorn, Wut. Ich schmiedete Pläne, wie ich die Rivalin vielleicht doch noch besiegen könnte. Aber es half nichts. Bald hielt ich es nicht mehr aus, und bei der ersten Gelegenheit verließ ich mein Elternhaus. Die Eltern machten sich Sorgen um mich, aber sie ließen mich ziehen.

Im Norden Schottlands hütete ich die Kinder einer großen Familie und lernte dabei die Sprache. Die wilden Stürme dort, die peitschenden Regengüsse und mächtigen Gewitter jenes Herbstes und Winters waren mir gerade recht. Sie paßten genau zum Aufruhr in meiner Seele. Es gab auch junge Männer dort, die sich um mich bemühten. Aber sie konnten sich in keiner Weise mit Walter messen. Schließlich lernte ich einen Irländer kennen, einen düsteren Menschen. Er sah aus wie ein Pirat, und so gebärdete er sich auch. Ich vergaß meine gute Erziehung und trieb mich mit ihm in zweifelhaften Lokalen herum. Der Weg abwärts ist leicht, und man geht ihn schnell.

Lange hörten die Eltern nichts von mir. Ich hatte die Stelle bei der Familie aufgegeben und wohnte bei Patrick. Seine Studentenbude war schmutzig und ärmlich. Wir hungerten und froren. Oft dachte ich in der Nacht an mein schönes Zimmer im Elternhaus, an die köstlichen, warmen Mahlzeiten, die saubere Wäsche. Dann sehnte ich mich wohl danach zurückzukehren, so wie der verlorene Sohn. Aber mein Stolz ließ es nicht zu. Es fehlte mir auch das Reisegeld, und Patrick arbeitete ungern. So wie ich jetzt aussah, konnte ich den Eltern auch unmöglich vor die Augen treten: verfilzt, mager, kein ungeflicktes Kleidungsstück auf dem Leibe. Aus einer Erkältung wurde in der zugigen Bude eine Brustfellentzündung.

Schließlich wurde ich in ein Krankenhaus gebracht und von dort wenig später in die Heimat abgeschoben.

Dort mußte ich zuerst in einem Sanatorium meine Tuberkulose ausheilen. Urs war mein Bettnachbar auf der Sonnenterrasse. Wir erzählten einander aus unserm Leben und vertrieben uns gegenseitig die Langeweile. Ich schilderte ihm mit vielen Ausschmückungen mein wildes Leben im wilden Schottland und die Heimkehr der verlorenen Tochter. Es stellte sich heraus, daß Urs aus einem frommen Elternhaus stammte und lange Jugendbundleiter gewesen war. Als wir entlassen wurden, waren wir ein Paar. Meine Eltern schlossen Urs gleich in ihr Herz. Wir feierten Hochzeit und begannen unsere Ehe mit dem Dritten im Bunde. Es war nicht die Not gewesen, die mich beten lehrte, sondern das Glück.

Wir mieteten ein schönes Häuschen im Grünen und bald kamen die Kinder, eins ums andere. Abends war ich meist vollkommen erschöpft, denn unsere Kinder erschienen mir besonders lebhaft und einfallsreich. Aber das Glück überwog bei weitem. Urs arbeitete als Architekt und verdiente gut. Ich hatte genügend Geld, um mir alles schön einzurichten, die Kinder und mich hübsch anzuziehen. Wir liebten uns sehr. Der Segen Gottes war mit Händen zu greifen. Wenn ich an einem sonnigen Vormittag an meinem Fenster saß, das Geschrei der gesunden Kinder hörte, eine Handarbeit im Schoß, wurde mir bewußt, wie gut ich es hatte. Dann konnte mir das Herz weit werden vor Freude und Dankbarkeit. Ohne es bewußt wahrzunehmen, bahnte sich eine lebendige Beziehung zum Gott meiner Jugend an. Ich hatte das Bedürfnis, morgens einen Abschnitt aus der Bibel zu lesen und ein Lied zu spielen. So wurden mir alle die alten, herrlichen Glaubenslieder groß und neu. Ich sang sie auch mit meinen Kindern. Urs und ich beteten zusammen. So ging das Jahr um Jahr, und alles war gut.

Markus, der Älteste, war der große Stolz seines Vaters. Viel Zeit widmete er ihm, aber auch die beiden Mädchen kamen nicht zu kurz. Wann es dann anders bei uns wurde? Kam es ganz allmählich, so daß es uns nicht richtig bewußt wurde?

Staunte ich nicht mehr über all die Wunderwerke der Schöpfung, über jedes Blatt und jeden Baum? Oder war es, weil Urs Karriere machte, sich einen Namen schaffte und weniger Zeit für uns hatte? Oft mußte er Überstunden machen. Dann saß ich allein im Wohnzimmer, nähte, strickte oder besserte Wäsche aus bis tief in die Nacht. Wenn er dann heimkam, fiel er todmüde ins Bett. Urs hatte sich ein Wohnmobil gekauft und fuhr an den Wochenenden mit der ganzen Familie ins Grüne. Mir fehlten die Gottesdienste, aber ich beklagte mich nicht. Urs nannte mich in dieser Zeit oft ‚grüblerisch' und ‚nicht mehr so anregend wie früher'. Er begann auch, mein Äußeres zu kritisieren. Gefiel ich ihm nicht mehr? Langsam schlich sich ein zähes Unbehagen in mein Gemüt. Ich wehrte mich dagegen und konnte es doch nicht loswerden. Wenn uns die Eltern besuchten, war es fast wie früher. Sie liebten ihre Enkel und konnten sich an ihnen nicht sattsehen.

Immer noch war Jesus mein bester Freund, aber wir beteten nicht mehr zusammen. Es kam auch immer häufiger vor, daß ich mit meiner Arbeit nicht fertig wurde. Es wäre gut gewesen, eine Haushaltshilfe zu haben. Aber Urs duldete „keinen Fremden" im Haus. Wenn ich das eine oder andere versäumte, mit der Wäsche nicht fertig wurde oder mich beim Kochen verspätete, gab es Unmut und Ärger. ‚Unglaublich!', sagte dann Urs. Ein Wort, das mich mehr und mehr mitten ins Herz traf. War ich denn so unmöglich und untauglich?

Ich begann mich mit anderen Frauen zu vergleichen, und dabei schnitt ich schlecht ab. Immer seltener wurden jetzt die Stunden des frohen Gedankenaustausches, der Zärtlichkeiten. Ein Glück, daß die Kinder nichts zu vermissen schienen. Urs ärgerte sich häufig über mich, über meine Ungeschicklichkeit, meine Schwerfälligkeit. Aber war ich das nicht immer gewesen? Hatte er früher einfach mehr Liebe und Geduld mit mir gehabt? Immer mehr fühlte er sich veranlaßt, in den wenigen freien Stunden, mir helfen zu müssen, was mich vollends lähmte. Ich begann mich wie ein unmündiges Kind zu fühlen, und langsam nahm das Verhängnis seinen Lauf.

Wenn mich Urs über einem Buch sitzen sah, das mir Vater

zur Lebenshilfe gegeben hatte, wurde er wütend. Er erinnerte mich an ungeflickte Kleider und Strümpfe, zeigte mir die Unordnung im Kleiderschrank. Ich stürzte mich in die Hausarbeit. Mein Mann hatte recht, es ging mir alles so zäh von der Hand. Wie wenig Freude mir jetzt alles machte. Es kam mir vor, als müßte ich eine schwere Karre den Berg hinaufziehen.

Ich schrie zu Gott. Vertraute ich doch darauf, daß er mir helfen würde. Aber es wurde nur immer schlimmer mit mir. Die Eltern kamen und wollten helfen. Die Mutter kochte, wusch und bügelte, während ich weinend neben ihr saß. ‚Du hättest mir schon lange erlauben sollen, dir zu Hilfe zu kommen', sagte sie. Ich wollte sie nicht kränken und verschwieg, daß Urs gerade davon nichts wissen wollte. In seinem Hause wollte er reden und tun, was er wollte. Er konnte keine Zuschauer gebrauchen.

Wenn wir abends unter der Lampe saßen, Vater etwas vorlas oder ein Lied auf dem Klavier spielte, ging mein Mann aus dem Zimmer. Er fühlte sich unbehaglich. Insgeheim warf er meinen Eltern vor, mich zuwenig auf das Leben vorbereitet zu haben. Hier war nun das Resultat. Von der lächerlichen Frömmigkeit ganz zu schweigen. Solange ich noch Spaß verstanden hätte, sei alles gut gewesen. Erst mit meiner Duckmäuserei sei diese Krankheit ausgebrochen.

Es wurde immer schwieriger, ein unbefangenes Gespräch zu führen, zu lachen oder liebevoll zu sein. Wenn ich es versuchte, wurde ich barsch abgewiesen: ‚Spüle zuerst das Geschirr, nachher können wir reden.' Oder: ‚Jetzt, wo ohnehin alles kaputt ist, möchtest du es wieder gutmachen. Du hättest früher darauf achten sollen.'

Da verhärtete sich mein Herz. Gott sah die Not und schwieg. Ich wollte nicht länger beten, weil es ja doch vergeblich war. Trotz erfüllte mich. Verbissen versuchte ich, meinen Haushalt in Ordnung zu halten. Ich beantwortete die Briefe der Eltern nicht mehr, war kurz angebunden, wenn sie in ihrer Angst anriefen. Nein, auch sie hatten versagt. Mochte alles zugrundegehen, mir war es egal. Ja, so war das. Aber es ist spät geworden. Verzeih, wenn ich dich gelangweilt habe."

Ruth schweigt lange. Dann sagt sie:

„Das kommt mir alles so bekannt vor. Du mußt nämlich wissen: Ich war auch verheiratet. Mein Mann hat versucht, mich so zu bevormunden, daß ich immer abhängiger von ihm wurde. Allmählich kam ich zur Überzeugung, daß ich ohne seine Führung überhaupt nicht mehr leben könnte. Er sorgte dafür, daß ich mich elend fühlte. Das erreichte er, ohne auch nur ein einziges Wort zu sagen. Wenn er nach Hause kam, sich wortlos umsah, ob auch alles sauber und in Ordnung war, und mir dann einen höchst unzufriedenen Blick zuwarf, hatte ich Schuldgefühle, und die Stimmung sank auf den Nullpunkt. Mit einem Blick und einem schweigend verbrachten Abend gab er mir zu verstehen, daß er unzufrieden mit mir war. Allmählich hatte ich überhaupt kein Selbstvertrauen, keine Selbstachtung mehr. Manchmal versuchte er, alles wiedergutzumachen. Er sagte: ‚Obwohl du alles andere als eine perfekte Hausfrau bist, liebe ich dich.' Komisch, nicht? Oder: ‚Obwohl ich mein Kreuz mit dir habe, bin ich für dich da.'

Er schuf eine Atmosphäre, in der keine Gefühle aufkommen konnten; der sicherste Weg für die Zerstörung jeder Beziehung. Je mehr ich meinen Ärger in mich hineinfraß, um so auswegloser verfiel ich in die Depression. Ja, ich hatte dieselbe Krankheit wie du, Gisela. Ich mochte nur nicht davon reden. Man vergißt sie gerne, wenn man sie überwunden hat."

„Aber unsere Beziehung wurde erst schlecht, und zwar nach meiner Erkrankung", versuchte ich, mich für Urs zu wehren. „Er hat meine Gleichgültigkeit nicht verstanden und reagierte darauf mit Kränkungen. Er glaubte wohl, ich liebe ihn nicht mehr und würde mich deshalb so gehenlassen. Ich gab ihm viel Grund zur Unzufriedenheit, das muß ich betonen. Ich vergaß alles, manchmal sogar das Kochen. Ich reagierte auf keine seiner Überraschungen mit Freude."

„Weil du dich nicht mehr freuen konntest", erklärte Ruth. „Das ist ja das Schreckliche daran: Man kann nicht mehr können. Aber so etwas kommt nicht von heute auf morgen, besonders nicht bei einer so jungen Frau. Hier sind entscheidende Fehler gemacht worden."

Ich möchte Ruth gerne recht geben. Aber was bedeuten Urs' Fehler, die er unwissentlich beging, gegenüber meiner Tat? Aber davon kann ich nicht sprechen.

„Wie ging es dann weiter mit euch?", frage ich deshalb.

Ruth schaut mich an. „Ich zog aus. Als mein Mann eines Abends nach Hause kam, war ich weg. Ich glaubte, ersticken zu müssen, und hoffte, an einem anderen Ort neu anfangen zu können. Aber ich geriet nur noch tiefer in meine Krankheit hinein. Ich hatte zu lange gewartet, zu lange geschwiegen und alles in mich hinein gefressen. Ich brauchte Jahre, um wieder hell sehen zu können. Mein Mann hatte keine Lust, auf mich zu warten. Er fand bald eine andere Frau. Seit zwei Jahren bin ich hier. Es geht mir gut ..."

Ruth schläft. Ich liege mit offenen Augen. Alles ist mir so gegenwärtig, als wäre es gestern gewesen. Eines Abends, ich hatte die Kinder zu Bett gebracht, hielt ich es nicht mehr aus. Urs war noch nicht gekommen. Das geschah öfter in letzter Zeit. Ein freudloses Heim wirkt nicht gerade anziehend. Ich riß meine Jacke vom Nagel und rannte hinaus. Eine Wildheit hatte von mir Besitz ergriffen, die mich erschreckte. Ich mußte laufen, laufen bis zur Erschöpfung.

Gab es denn niemanden, der mir helfen konnte? Nur einen Ausweg schien es für mich zu geben: den Tod. Ich schauderte. Immer häufiger überfiel mich dieses Wort. Ich wollte es nicht hören, aber es kehrte hartnäckig wieder. Zwanghaft. Das Leben hatte für mich jede Freude verloren. Einen Sinn konnte ich nicht mehr sehen. Ich war so allein, wie nur jemand allein sein kann. Meine Gebete blieben ohne Echo. Ich hörte auf, Gottes Namen zu rufen, weil er mich ja doch nicht hörte. Zutiefst verletzt durch meine Lebenssituation, in die ich ungewollt geraten war, glaubte ich, mein Schmerz sei unheilbar. Ich sah nichts mehr, gar nichts mehr als meine Wertlosigkeit.

Ich rief wohl nach Hilfe, unaufhörlich, aber zugleich hatte ich Angst, gehört zu werden, und versteckte mich vor denen, die mir helfen wollten. Ich war allein mit mir und hörte nur noch meine Klage und deren Echo in der grausamen Enge meines Gemütes. Der Prozeß, das Leben abzulehnen, es zu verneinen, war in mir ausgelöst worden. Unformuliert und unausgesprochen glaubte ich an ein Sein, in dem meine Leiden aufhören würden. Ich sehnte mich danach, dahin zu gelangen. Aber wie konnte ich gehen, wo mich doch meine Kinder brauchten? Urs würde ohne mich zurechtkommen. Vielleicht auch Markus, aber die Kleinen?

Da erkannte ich vor mir das katholische Pfarrhaus. Ein Licht leuchtete durch den Nebel. Ich klopfte an. Der Schweiß lief mir über das Gesicht. Pater Adrian kam selbst zur Tür und führte mich in sein Studierzimmer.

„Ich kann nicht mehr“, stieß ich hervor. Er stellte keine Fragen, mein Gesicht sagte ihm genug. Zuerst kochte er Kaffee, dann gab er mir eine Beruhigungstablette. Jetzt konnte ich ihm meinen Zustand schildern. Ich sagte ihm von meinem Wunsch, sterben zu dürfen, und er tadelte mich nicht deswegen.

„Das hat nichts zu tun mit Schwermut“, erklärte er. „Dieser Wunsch ist ein Stück des Lebens. Wir sollten ihn ohne Angst zur Kenntnis nehmen und nicht verdrängen. Wenn wir aber spüren, daß ein frei gewählter Tod oder das Sterben anderer uns in Ängste versetzen, die uns zur Flucht aus dem Leben treiben wollen, dann ist es Zeit, Hilfe zu suchen und mit dieser Not nicht allein zu bleiben. Wenn wir unserer Todessehnsucht gleichsam hörig werden und davon die Lösung unserer Probleme erwarten, dann müssen wir uns aus der Todesverkrampfung herausholen lassen. Christus ist aus allen Gräbern auferstanden. Auch aus dem Grab, das sich die Seele in Gedanken selber gräbt. Die Kraft des Auferstandenen kann sichtbar werden.“

Warum wurde sie es nicht?

Er betete noch mit mir und ermahnte mich, gleich einen Arzt aufzusuchen. Ich ging nach Hause. Urs war da. Er hatte sich Sorgen gemacht, aber jetzt war er ärgerlich. Er sagte, ich müßte mich der Kinder wegen zusammenreißen und dürfe mich nicht so gehenlassen. Ich richtete ihm den Gruß des Pastors aus und daß wir am kommenden Abend zusammen hingehen sollten. Aber Urs war der Meinung, er sei ganz gesund und brauche den Pfaffen nicht.

Vielleicht hätte er mich in die Arme nehmen sollen und fragen: „Was ist dir, Kleines? Kann ich dir helfen?“ Vielleicht hätte so dem Verhängnis Einhalt geboten werden können? Statt dessen appellierte er an meinen Willen –, der gar nicht mehr vorhanden war, und zog sich von mir zurück.

Ich schleppte mich durch die Tage. Mehr schlecht als recht verrichtete ich meine Arbeit. Freude war keine dabei. Die Kinder litten nicht sehr unter der trübseligen Mutter. Hauptsache, sie war da. Und der Vater tat alles, um ihnen Abwechslung zu bieten. Er kümmerte sich doppelt um sie.

Die Uhr schlägt zwölf. Zeit, zu schlafen. Ich überdenke noch einmal den vergangenen Tag. Möchte ich Tibor wiedersehen? Was bedeutet mir sein Interesse? Ich weiß es nicht.

Der Morgen kommt rasch. Also habe ich doch noch geschlafen. Bald stehe ich im Dunst der Waschküche. Draußen hängt der Nebel in den Bäumen. Lange brennen die Lampen. Die Sonne bricht heute überhaupt nicht durch. Beim Mittagessen sehe ich Tibor von weitem. Er sitzt am Tisch des Hausmeisters und winkt mir fröhlich zu. Etwas enttäuscht bin ich schon, daß er nicht herkommt, wenigstens auf ein paar Worte. Als ich den Saal verlasse, ist er so eifrig in ein Gespräch vertieft, daß er nicht einmal aufsieht.

Was hatte ich erwartet? Immerhin –, ich bin wieder fähig, Enttäuschungen zu empfinden. Heute geht mir die Arbeit schon besser von den Händen. Werde ich hier am Bügelbrett Jahr für Jahr stehen? Bis ich alt bin? Habe ich überhaupt eine Aussicht, jemals hier wegzukommen? Muß ich nicht sogar froh sein, daß man mich genommen hat, ohne Fragen über meine Vergangenheit zu stellen?

Gibt es etwas, das ich möchte? Oder sind in den Anstaltsjahren alle meine Wünsche gestorben und verdorrt? Früher wollte ich die Welt sehen, die Tropen, Südafrika, Australien, das Nordkap. Was möchte ich heute?

Um vier Uhr sehe ich Tibor mit Schwester Veronika, der

jungen, blonden, über den Hof laufen. Sie lachen und haben es eilig. Tibor ist ein gutaussehender Mann und sehr unterhaltend. Warum soll er sich seine Rekonvaleszenz nicht so angenehm wie möglich gestalten? Ich fühle einen leisen Stich. Ist es möglich, daß ich wieder menschliches Empfinden spüre: Eifersucht? Ich will mich darüber freuen. Mein Arzt sagt mir, Fühlen und Empfinden seien das Zeichen neuen Erwachens. Ja, lange fühlte ich nichts mehr. Eine taube Nuß.

Abends erwartet mich der Ungar beim Verlassen des Speisesaals. „Kommst du mit? Im Dorf gibt es einen Lichterumzug mit den ausgehöhlten Rüben. So richtig vorweihnachtlich."

Ich habe eine spitze Bemerkung auf der Zunge, kann sie aber zurückhalten. Ich hole meinen Mantel, und wir gehen in das Dorf. Tibor ist gut aufgelegt. Er nimmt meinen Arm und drückt auch einmal seine kalte Wange an mein Gesicht. Die Kinder gehen feierlich mit ihren Lampions durch die kalte Novembernacht. Rosig leuchten ihre Gesichter durch das Dunkel.

Vor wie langer Zeit waren es meine Kinder, die so gingen, stolz und feierlich? Den ganzen Nachmittag hatten wir die Rüben ausgehöhlt und geschnitzt. Die Eltern waren auf Besuch gekommen. Es gab heiße Birnwecken zum Abendbrot. Mutter hatte sie mitgebracht und im Backofen aufgewärmt. Urs kam früher heim, und dann gingen wir alle zusammen hinaus. Von überall her kamen die Kinder mit ihren liebevoll geschnitzten Rüben. Beim Schulhaus formierten sie sich. Langsam bewegte sich der Zug zum Schützenhaus und wieder zurück. Eine Kampfansage an das Dunkel und die Kälte des herannahenden Winters. Im Schulhaus gab es heißen Tee und Würstchen, so viele man wollte. Die Frauen des Dorfes hatten Kuchen gebacken. Auch ich hatte mich daran beteiligt. Mußte man an einem solchen Abend nicht glücklich sein? Was empfand ich damals?

Tibor hat mich etwas gefragt. Soll er noch einmal fragen. Ich war weit weg. Es wird Zeit zurückzugehen. Wir setzen uns noch in die Dorfschenke, um uns etwas aufzuwärmen. Tibor erzählt von seiner Flucht aus Ungarn. Er ließ dort ein Mädchen zurück mit dicken, blonden Zöpfen. Es gab ihm ein blausamtenes Päckchen voll ungarischer Erde mit. „Damit du wieder zurückkehrst." Aber gerade das konnte er nicht. „Marikka wird längst Mutter vieler Kinder sein und mich vergessen haben." Aber jetzt denkt er daran, einmal als Tourist nach Budapest zu fahren. Das soll möglich sein, vielleicht mit einem anderen Paß. Er hat Sehnsucht, das Land seiner Väter wiederzusehen; das Dorf, in dem er wohnte; das Haus, in dem er mit seinen Geschwistern aufgewachsen ist: „Ein weites Land mit einem mächtigen Himmel darüber. Sonnenauf- und -untergänge wie ich sie nirgendwoanders mehr gesehen habe. Möchtest du mitkommen?"

Könnte ich denn das? Ich habe kein Geld, keine Garderobe. Und hier verdiene ich doch so wenig.

„Ich möchte dir diese Reise schenken", sagt Tibor. Ich weiß nicht, was ich dazu sagen soll. Warum gerade mir? Ich bin nicht besonders hübsch. Mein Gesicht hat alle Frische und Farbe der Jugend verloren. Meine Augen sind trübe; jedenfalls kommt mir das so vor. Aller Glanz ist daraus gewichen. „Du hast keine Ausstrahlung mehr", behauptete Meta, meine Zimmernachbarin. Und damit sagte sie die Wahrheit. Ausstrahlen kann man nur, wenn man etwas in sich hat.

Budapest um die Weihnachtszeit. Mit Tibor fliegen? Vielleicht wäre es schön. Ich bin ja frei, kann gehen, wohin ich will. Und doch? Muß er nicht vorher wissen, wer ich bin? Was ich getan habe? Bin ich ihm die Wahrheit nicht schuldig? Und wenn –, wird er sie ertragen können?

„Sprechen Sie nie und mit niemandem darüber", hat mir mein Psychotherapeut eingeschärft. „Nur die wenigsten Menschen könnten es ertragen. Man würde sich von Ihnen zurückziehen, und das schadet Ihnen."

Bis jetzt hatte ich nie das Bedürfnis, darüber zu sprechen. Aber wenn ich mir von Tibor eine Reise schenken lasse, dann hat er auch ein Recht zu erfahren, mit wem er es zu tun hat. Ob ich Ruth fragen soll? Aber auch sie soll ja nicht wissen, wer ich in Wirklichkeit bin.

„Ich will es mir überlegen", sage ich auf dem Heimweg.

„Wann soll es denn sein?“

„Ich möchte über die Weihnachtsfeiertage fliegen. Weihnachten ist es da am schönsten. Was wir immer Schnee hatten! Die Dächer wurden davon fast erdrückt. Ob sie immer noch auf dem Teich hinter der Kirche Schlittschuh laufen? Und dann die Schlittenfahrt durch die Wälder! Wie da der Schnee von den Ästen stob! In dicke Felle eingemummt, sausten wir durch den nächtlichen Wald. Ich rieche noch den Schweiß der Pferde. Wir lutschten Eiszapfen, die wir während der Schlittenfahrt von den Zweigen brachen. Wenn es schneite, ließen wir die Flocken auf der Zunge zergehen. Das alles möchte ich noch einmal sehen und erleben. Komm mit, es wird dir gefallen.“

Ruth ist begeistert. Sie ist wirklich ein selbstloses Wesen. Nie denkt sie daran, daß auch sie Anspruch auf Aufmerksamkeit hätte. Sie freut sich ganz einfach für mich. „Ich gebe dir das Reisegeld, damit du es dir nicht schenken lassen mußt. Du kannst es mir ganz langsam zurückzahlen. Ich habe genug.“

Wie nett von ihr.

Doch dann sind die Zweifel wieder da. Habe ich ein Recht, mit Tibor zu gehen? Ist es nicht besser für ihn, einen unbelasteten Menschen mitzunehmen? Einen ohne Vergangenheit? Das Dunkel der Nacht lastet schwer auf mir. Fast so dunkel wie der Tag, an dem es geschah.

Meine Qual springt mich an, nimmt mir den Atem. O Gott, wo warst du? Wo waren deine schützenden Engel? Warum hast du nicht einen Menschen geschickt, Einhalt geboten? Der Schweiß läuft mir über das Gesicht. Mein Herz hämmert. Soll ich aufstehen? Hinauslaufen in die Nacht? Aber was hilft das. Weglaufen vor mir selbst kann ich auch draußen nicht. Ich taste nach der Stablampe. Wo ist die Spruchkarte, die mir mein Vater an seinem letzten Tag noch geschrieben hat?

„Ich harrte des Herrn, und er neigte sich zu mir und hörte mein Schreien. Er zog mich aus der grausigen Grube, aus lauter Schmutz und Schlamm und stellte meine Füße auf einen Fels, daß ich sicher treten kann. Er hat mir ein neues Lied in meinen Mund gegeben, zu loben unsern Gott.“

Mein Vater ist an gebrochenem Herzen gestorben. Was ich tat, hat seinem schwachen Herzen den Rest gegeben. Er hatte so für mich gefleht, Tag und Nacht, und alles umsonst. Meine Krankheit wurde immer auswegloser. Er warf sich auf die Erde: Herr erbarm, erbarme dich über mein Kind! Rette es, heile es! Sprich nur ein Wort, so ist mein Kind gesund! Deine Macht ist unbegrenzt! Sie ist dein Eigentum!

Urs hatte den Eltern schon lange verboten, mich zu besuchen. Er hatte sich in den Gedanken verrannt, daß meine fromme Erziehung und das pietistische Denken meinen Geist verwirrt hätten. Er glaubte, es richtig zu machen, wenn er mich diesem Einfluß entzog. Daß er mir damit Schmerz und einen großen Schaden zufügte, konnte er sich nicht vorstellen. Ich aber war zu schwach, mich zu wehren. Es war mir alles so gleichgültig geworden. Ich empfand weder Freude noch Trauer, nur das unbändige Verlangen, allem ein Ende zu machen, aus diesem Gefängnis auszubrechen.

Bittend und flehend lag mein Vater vor Gott auf den Knien. Aber es kam keine Antwort. Warum nicht? Gab es eine verborgene Schuld in seinem Leben? Gab es etwas zu bekennen? Er tat Buße für alle unerkannte Sünde. Er sang unter Tränen Lob- und Danklieder in seinem Herzen, Tag und Nacht. Einmal mußte doch die Hilfe kommen! Rufe mich an in der Not, so will ich dich erretten, und du sollst mich preisen. Aber nichts geschah! Als ob Gott tot wäre!

*

Und dann kam der Tag, an dem seine Welt unterging. Seine und meine und die unserer Familie. Wenige Tage darauf starb mein Vater. Ich hatte ihn nicht mehr gesehen. Ich konnte auch nicht am Begräbnis teilnehmen, denn da hatte man mich schon eingeliefert.

Der Versuch, meinem Leben ein Ende zu bereiten, war gescheitert. Man hatte mich noch rechtzeitig gefunden.

Warum nur durfte nicht ich es sein, die im Grab von allen ihren Qualen ausruhte? War ich zu verworfen, um tot sein zu dürfen? Besaß ich nicht einmal dieses Vorrecht?

Ich muß schlafen. Der Tag ist lang, die Arbeit anstrengend. Ich brauche Kraft. Was soll aus mir werden, wenn sie mich hier nicht gebrauchen können? Ach, elendes Leben!

Nein, nicht schon wieder dieses alte Lied! Man hat mich „dort" zusammengeflickt, gestützt, mit einem Korsett versehen, damit ich einigermaßen aufrecht gehen kann. Aber heißt das leben?

Man hat mir Parolen mitgegeben. Zum Beispiel: Was gestern war, kannst du nicht mehr ändern. Vergiß es! Was morgen ist, weißt du noch nicht. Denke nicht daran! Heute lebst du. Heute mache das Beste daraus! Was ist das Beste? Ich kann nicht mehr beten. Ich kann nicht mehr glauben. Mit Hiob muß ich sagen: Wäre ich doch nie geboren worden! Es wäre mir und den Meinen besser gewesen.

Was ist es mit dieser Krankheit, die aus Verzweiflung künstlerische Höchstleistungen hervorgebracht hat und lebende Tote? Die aus fröhlichen Menschen weinerliche Nörgler macht und solche, die vor wunschlosem Unglück verstummt sind? Sie zerreißt ihre Opfer durch Schuldwahn, geißelt sie mit quälenden Minderwertigkeitskomplexen, zermürbt sie mit Schlaflosigkeit. Sind es Launen, oder ist es das Abgleiten der Seele in einen Kerker, der alle positiven Wahrnehmungen aussperrt? Dann spinnt die Krankheit allmählich einen undurchdringlichen, düsteren Kokon aus Gleichgültigkeit und Grübelei, aus Weltekel und Weltangst, aus Realitätsverlust und bleierner Ratlosigkeit um die Betroffenen, die doch früher fabelhaft funktionierende Menschen waren. So zerstört sie Familienglück und Arbeitsfähigkeit, stiehlt alle Freude. Dazu tobt im Inneren die Selbstanklage, der ungeliebten Welt nur noch eine Last zu sein. Denn so sehr sich die Gefühle verdunkelt haben: Die Gedanken bleiben glasklar.

Aber habe ich die Krankheit nicht hinter mir gelassen, bin ich ihr nicht entronnen, wie der Vogel dem Netz? Hat man mich nicht entlassen, nach jahrelangem Eingeschlossensein?

Will ich mich noch einmal von diesem Karussell drehen lassen? Nein, Schluß damit! Schlafen will ich jetzt, damit ich morgen munter bin.

Tibor geht planmäßig und zielstrebig an die Vorbereitungen. Ich habe ihm gesagt, daß ich die Reisekosten selber übernehmen werde. Ruth hilft mir, die Gute. Er wird den Paß eines Bekannten nehmen, der ihm sehr ähnlich sieht. Es darf nichts schiefgehen. Mein Vater wäre damit nicht einverstanden gewesen. Er haßte jede Verstellung oder Unwahrheit.

Meine Mutter hat mich besucht. Noch immer ist die trennende Wand zwischen uns. Vorsichtig wählen wir unsere Worte. Sie vermeidet alles, was mir weh tun könnte, was an das Gewesene erinnert. Und doch ist das alles so gegenwärtig. Es entstehen Gesprächslücken, in denen man krampfhaft um Worte ringt.

Sie ist alt und dünn geworden. Der Verlust schmerzt sie mehr, als sie zugibt. Es ist so leer in ihrem Haus. Zwar kommen die Kinder der Brüder. Sie wird von allen eingeladen. Aber am Morgen sitzt sie allein am Frühstückstisch. Lang dehnt sich der Vormittag. Soll sie sich etwas Ordentliches kochen? Es lohnt kaum die Mühe für sich allein. Nachmittags macht sie Besuche in Krankenhäusern und Altenheimen. Viel Not ist da. Das lenkt ab von der eigenen Not. Dann gibt es Beschäftigung in der Gemeindearbeit. Der neue Pastor wohnt in einem anderen Haus. Die Mutter brauchte nicht auszuziehen.

„Es wäre Platz genug da für dich, Gisela. Sie suchen eine Bibliothekarin, eine gut bezahlte Stelle. Du könntest dein Zimmer wieder beziehen. Was meinst du?“

Noch nicht, das steht fest. Später vielleicht, ich weiß es nicht.

„Markus war eine Woche bei mir. Sein Vater hat ihn gebracht und auch wieder geholt.“ Das trifft wie ein elektrischer Schlag. Markus, mein Sohn. Also hat Urs seinen Groll überwunden und wieder zur Mutter gefunden? Ich kann es kaum glauben.

„Ist er jetzt verheiratet?“

Ich halte den Atem an.

Die Mutter lächelt. „Nein, denke dir, Markus hat es vereitelt. Er hat der angehenden Stiefmutter das Leben so schwer gemacht, daß sie Reißaus nahm. Und das schon zum zweitenmal. Markus will keine andere Mutter, nur dich."

Ich bringe kein Wort heraus. „Er will dich hier besuchen. Ich soll dich fragen, wann es dir recht ist. Es geht für ihn am Mittwoch, Samstag oder Sonntag."

Ich soll Markus wiedersehen? Lange hat ihn sein Vater in dem Glauben gelassen, ich sei tot. Das war leichter, als ihm die Wahrheit zu sagen. All die Jahre durfte ich ihn nicht sehen. Und nun wird er kommen. Was ist geschehen?

Ich küsse Mutter zum Abschied. Das habe ich lange nicht getan. Ihre Augen werden feucht, ich sehe es genau. Ob sie denkt, daß Vaters Gebete doch noch in Erfüllung gehen und ich gesund werde? Von Tibor sage ich nichts. Es steht ja auch noch nichts fest.

„Was mir an dir gefällt?"

Tibor streicht sorgfältig die dünnen Strähnen über seinen kahlen Oberkopf. Er ist eitel. Den Scheitel hat er ganz tief angesetzt, damit er seine Glatze besser verdecken kann. Aber sie stört nicht. Sein Gesicht ist so lebendig, die graublauen Augen so voller Wärme, daß man ihn gern ansieht. Auch sein Lachen ist schön.

„Du gefällst mir, weil du so anders bist als alle anderen. Es ist ein Geheimnis um dich. Du kennst ja das Sprichwort: Wo kein Geheimnis ist, da ist keine Sehnsucht, und wo keine Sehnsucht, da ist keine Liebe. Du hast traurige Augen. Die möchte ich gern froh machen. Deine Gesichtszüge sind feingeschnitten. Du mußt in deiner Jugend sehr schön gewesen sein. Ich meine in deinen Mädchenjahren, jung bist du auch jetzt noch. Auch dein Haar ist schön, obwohl du es anders frisieren solltest. Ich werde vor unserer Abreise mit dir in den Salon gehen. Einverstanden?"

Es ist wenig genug, was Tibor an mir findet. Was bleibt, wenn das Geheimnis enthüllt ist?

Von meinem ersten Lohn habe ich mir ein Kostüm gekauft. Es ist graublau und gut geschnitten. Der alte Mantel muß diesmal noch genügen. Schuhe habe ich, wenn auch nicht gerade elegante. Immerhin eignen sie sich für lange Wanderungen, die Tibor ja unternehmen will. Er zählt die Wochen, die Tage. Schließlich will er endlich mit mir zusammensein, was bis jetzt nicht möglich war.

Aber was, wenn Markus über Weihnachten hierherkommen will? Was soll ich tun? Ich habe Tibor zugesagt, und die Fahrkarten sind bestellt.

An diesem Abend fällt der erste Schnee. Ich nehme meinen Mantel, schlinge ein Tuch um den Kopf und gehe ins Freie. Der erste Schnee war immer ein Fest für unsere Kinder. Ich zog sie warm an und lief mit ihnen hinaus. Sie jubelten, versuchten, die Flocken mit dem Mund aufzufangen. „Es schmeckt nach Eisen", fand Markus. „Können wir morgen Schlitten fahren?", wollte Mirjam wissen. „Ich überfreue mich", rief Esther, der Blondschopf ...

Die Flocken fallen. Sie werden dichter, weben einen dichten Vorhang. Man sieht kaum drei Schritte weit. Wo bin ich? Ist das nicht mein Dorf, dort drüben? Ein warmer Schein glimmt durch das Dunkel. Da gehe ich. Ich bin auf dem Heimweg. Urs wartet mit den Kindern auf mich. Was kann ich ihnen Gutes bringen? Lebkuchen vielleicht? Oder Weintrauben? Feigen und Mandarinen? Nüsse auf jeden Fall. Die knacken sie so gern. Wir werden im warmen Schein der Lampe sitzen, am runden Tisch. Urs hat eine Platte aufgelegt. Er ist wieder mehr zu Hause. Stiller ist er geworden. Duldsamer auch. Er nimmt mir nicht mehr die Kochtöpfe aus der Hand und läßt sich Zeit zu warten, bis ich selbst angerichtet habe. Die Kinder wollen heute keine Aufgaben machen. Morgen ist ja Sankt Nikolaus, da wird nicht viel gearbeitet in der Schule. Die Kleine ist noch im Kindergarten. Sie darf heute länger aufbleiben. Es riecht herrlich nach Mandarinen und geknackten Nüssen. Gar nicht genug kann man davon bekommen. Urs sieht zu mir herüber. Ein warmer Schein liegt in seinen Augen. Wenn die Kinder in ihren Betten liegen, werden wir zusammen aufräumen und beisammen sitzen. Wir werden noch etwas über uns sprechen. Ich werde ihm sagen, daß es ein schöner Abend war. Daß es nirgends besser sein kann, als hier bei uns zu Hause …

Wo bin ich? Wo ist das Dorf, wo unser weißes Haus mit den hellen Fenstern? Die Flocken wirbeln dichter. Sie tauen auf meinem Gesicht und rinnen tropfend über Stirn und Wangen. Wie Watte ist die Stille. Kein Laut dringt hindurch. Jetzt fühle ich die Kälte. Sie kriecht durch meinen Mantel. Zurück, bevor ich mich verirre! Wohin bin ich geraten? Mein Dorf ist weit weg.

Dort sehe ich ein Licht. Das ist Pastor Wagners Haus. Er hält sonntags die Gottesdienste. Ich war nur einmal da. Man hat ihn gern. Ruth sagte, daß er und seine Frau ihr sehr geholfen hätten. Ob ich anklopfen soll? Einfach so? Zurück mag ich noch nicht. Mag Tibor auf mich warten. Merkwürdig: Ich habe den ganzen Abend kein einziges Mal an ihn gedacht. Dabei fehlen nur noch vier Wochen bis Weihnachten.

Ich klingle. Die Flurlampe leuchtet auf. Frau Wagner öffnet und sperrt die Türe weit auf. „Willkommen! Schnell in die Wärme!“

Sie ist eine kleine Frau, ganz mager und flink. Ihr Gesicht rosig und runzlig, wie ein Äpfelchen. Mit einer schnellen Handbewegung öffnet sie die Tür zum Wohnzimmer. Warmes Licht umfängt mich. Ich sinke in einen weichen Sessel. Hier gibt es Wände voller Bücher, viele Grünpflanzen, ein Klavier und einen Schiefertisch. Jetzt kommt der Pastor und streckt mir seine Hand entgegen. Als wäre ich eine alte Bekannte. Seine Frau beeilt sich, Kaffee aufzugießen. Ich versuche, meinen Besuch zu erklären.

„Ich bin im Schneetreiben herumgelaufen. Das habe ich früher immer so gern getan. Dann habe ich ein Licht gesehen. Ich fühlte mich so allein. Ich mußte einen Menschen sehen.“

„Darf ich einen Vorschlag machen?“, lächelt Pastor Wagner. „Sie essen mit uns Abendbrot. Drei unserer sechs Kinder sind da. Bei uns geht es immer ziemlich lebhaft zu. Mögen Sie mithalten?“

Er kann nicht wissen, daß er mir das Messer mitten ins Herz gestoßen hat. „Drei von sechs ..."

Ich stehe hastig auf. „Nein, nein, ich will nicht stören. Es geht ja schon wieder. Ich muß ohnehin zurück. Man erwartet mich bereits." Aber damit ist der Pastor nicht einverstanden.

„Setzen Sie sich! Die Familie kann auch ohne mich essen. Sie gehen jetzt vor. Was haben Sie auf dem Herzen?"

Ich versuche zu sprechen. Es gelingt mir nicht. Vor Anstrengung steigt mir das Blut zu Kopf. Ich würge, und es kommt kein Wort heraus. Jetzt bringt die Frau den Kaffee. Flink deckt sie das kleine Tischchen, stellt eine Kerze in die Mitte, die Konfektschale daneben und schenkt ein. So schnell wie sie kam, ist sie auch schon wieder verschwunden. Hat ihr der Pastor einen Wink gegeben?

Ich trinke und schweige. Er versucht gar nicht, die Stille zu durchbrechen. Schließlich aber muß es doch gesagt sein. „Ich komme mit einer Schuld", stammle ich. „Sie ist so groß, wie Sie es sich kaum vorstellen können. Ich wollte nicht mehr damit leben. Aber man hat mich nicht gelassen. Immer und immer wieder habe ich es versucht. Gerade, als ob sich alle gegen mich verschworen hätten. Nun versuche ich zu leben. Aber es ist sehr schmerzhaft. Eine Anstrengung, Stunde um Stunde. Ich frage mich, wozu?"

Lukas Wagner ist ein großer, schwerer Mann. Die kurzsichtigen Augen hinter den dicken Gläsern sind voller Güte und Erbarmen. Er hebt die Hände, als wollte er eine Last wegschieben.

„Weil Gott Sie liebt, hat er Sie nicht sterben lassen. Er hat gewiß noch etwas vor mit Ihnen. Er will nicht, daß Sie auf halbem Wege abbrechen. Das wäre gerade, als ob man aus der Schule läuft. Er will, daß Sie dableiben und ihr Pensum absolvieren. Er möchte nicht, daß Sie als halbfertiger Embryo in seiner Welt ankommen."

Ich höre seine Worte, aber sie dringen nicht in mein Bewußtsein, haben keinen Sinn für mich. Wie viele gute Worte habe ich schon gehört, umsonst. Da ist ein Panzer, der mich umschließt, um und um.

Weshalb bin ich hergekommen? Ich weiß es doch längst, daß nichts hilft. Ich bin ein verlorener Mensch. Für meine Sünde gibt es keine Vergebung. Ich gehöre nicht zu den lebenden, fühlenden Menschen. Ich bin eine lebendige Tote.

Wieder stehe ich auf. Der Seelsorger merkt, daß seine Worte wirkungslos verhallt sind. Er legt mir die Hand auf die Schulter:

„Ich möchte mit Ihnen beten! Gott ist da, auch wenn Sie ihn nicht fühlen. Er hat es uns zugesagt, und er lügt nicht." Er kniet am Sessel nieder. Ich bleibe stehen.

„Herr, allmächtiger Gott! Vater unseres Herrn Jesus Christus! Du siehst dieses Menschenkind. Du kennst es von Mutterleibe an. Du hast es geschaffen, zu Deiner Ehre. Du weißt, was es getan hat. Hab Dank für das vergossene Blut Deines Sohnes! Es macht rein von aller Schuld. Und ob die Sünde gleich blutrot wäre, so soll sie doch wie weiße Wolle werden. Es gibt keine Sünde, die Du nicht getragen und gesühnt hättest. Dank sei Dir! So laß es dieses Menschenkind erfahren und annehmen. Sei mit ihm auf allen Wegen. Schenk ihm Deinen Frieden, Amen!"

Der Schneefall hat aufgehört. Durch die Dunkelheit flimmern die Lichter der Heimstätte. Es riecht rein und frisch. Ich gehe zurück, ohne etwas zu fühlen. Das ist so grauenhaft, daß alles an mir abprallt, was früher mein Herz höher schlagen ließ, was mich singen und jubeln ließ. Aber was wundere ich mich? Ein Mensch wie ich!

Die jungen Schwestern hängen Tannengrün in alle Zimmer. Rote, dicke Kerzen überall. Wann war das, als ich zum letztenmal unser Haus zum ersten Advent schmückte?

Wir hatten die Kerzen selbst gegossen. Sie tropften leicht, sahen aber wunderschön aus: hell und dunkellila, dazu rosa Seidenschleifen im dunklen Geäst. Wie die Kinder sich auf Weihnachten freuten! Wie eifrig sie malten, schnitten, klebten und stickten. Selbst als ich schon krank war und das Haus leer und kalt ließ, konnten sie nicht aufhören, Vorbereitungen zu treffen. Jetzt war es Markus, der die Anleitungen gab. Was für ein Tuscheln, Huschen, Wispern und Wuscheln im verschlossenen Kinderzimmer. „Freust du dich auch auf Weihnachten, Mama?“ Hundertmal diese Frage. Erwartungsvolle Augen in gespannten Gesichtchen. Und dann der Jubel: „Mama freut sich, Mama freut sich!“

Urs war oft weg in diesem Winter. Er hatte mir von einer Arbeit erzählt, die dringend sei und noch vor Weihnachten erledigt werden müsse. So wartete ich oft bis gegen Mitternacht. Dunkel stand die Winternacht vor den Fenstern. Auch in mir war alles tot und kalt. Ich schalt mich undankbar, zählte alles Gute auf, das ich hatte: die lebhaften, gesunden Kinder, das schöne Haus, das gute Einkommen, Kleider, Schmuck, einen Mann, der behauptete, mich immer noch zu lieben – „trotz allem“. Was wollte ich noch mehr? Hatte ich es nicht besser, als die meisten meiner Bekannten?

Die Lichter leuchten durchs Dunkel. Ich bin da ... Tibor ist unverändert fröhlich. Er schenkt mir Marzipan, denkt sich immer neue Überraschungen aus. Auf die Reise freut er sich ganz unbändig. Ich verstehe nicht, daß er gerade mich mitnehmen möchte. Gibt es nicht genügend fröhliche, hübsche Mädchen in diesem Haus, die unterhaltsamer sind? Das kann ich nicht verstehen. Ein unverdientes Geschenk? Aber weiß ich es auch zu schätzen? Und freue ich mich auf die Reise? Sie ist gebucht, die Fahrkarten bestellt. Mir ist, als ob sie nicht zustandekommen wird. Sicher kommt irgend etwas dazwischen.

Jetzt weiß ich, was ich Pastor Wagner fragen wollte: Ob ich Tibor alles erzählen soll. Aber dann fehlte mir der Mut. Und jetzt habe ich es weit von mir geschoben. Vielleicht, daß die Reise mir hilft, mich aus meiner Lethargie weckt? Vielleicht, daß der Funken Freude wieder einmal auf mich überspringt?

Ohne Freude kann der Mensch nicht leben.

Ruth nimmt lebhaft Anteil an mir. Sie freut sich für mich, hilft mir bei den Vorbereitungen, strickt mir eine rohweiße Wolljacke, damit ich nicht frieren muß. Sie will mir ihren guten Mantel aus echtem Lamahaar leihen. Aus irgendeinem – mir unbegreiflichen – Grunde hat sie mich gern. Sie ist die angenehmste Zimmergenossin, die ich mir denken kann. Ich habe in den letzten Jahren mit vielen Frauen das Zimmer geteilt.

Eine Ruth war nicht darunter.

„Und wie willst du Weihnachten verbringen?", fällt mir endlich ein zu fragen.

„O, ich bleib hier. Es ist warm und gemütlich, Menschen habe ich auch. Das Essen ist dann noch besser als gewöhnlich. Ich werde mir ein paar gute Bücher besorgen, Musik hören, die Gottesdienste besuchen und an Silvester in die Dorfkirche gehen. Das weckt immer tausend Erinnerungen an mein Zuhause. Ich hatte eine sehr schöne Kindheit, mußt du wissen."

Besuch für mich. Es ist Onkel Fredrik, der Bruder meines Vaters. Ich habe ihn seit vielen Jahren nicht mehr gesehen. Unbeweglichen Gesichts gibt er mir die Hand. Wir setzen uns in die Bibliothek. Eine rote Kerze brennt auf dem Klavier.

„Wie geht es dir?"

Der Onkel schaut mich an. Ich zucke die Achsel. „Nicht zufrieden?" Er ruft es beinahe. „Was gefällt dir denn hier nicht? Du hast doch dein Auskommen, gute Menschen ringsum, ein schönes Zimmer, niemand weiß von deiner Vergangenheit. Mir scheint, du könntest Gott auf den Knien danken, daß du hier sein darfst."

Das Blut steigt mir zu Kopf. Ich schweige.

„Verstockt auch noch? Nachdem du unser aller Leben vernichtet hast. Glaubst du, daß irgend jemand von uns je eine gute Stunde hatte, seit du dieses ... diese Tat begangen hast? Ja, schau mich nur an. Du denkst wohl, das sei begraben und vergessen? Du sitzt hier, mit einer Selbstverständlichkeit, als hättest du das größte Recht dazu. Weißt du überhaupt, was du uns allen angetan hast? Oder reicht dein Vorstellungsvermögen nicht so weit? Ich will nicht unbarmherzig sein, aber es muß einmal ausgesprochen werden: Nie, nie ist Ähnliches in unserer weitläufigen Verwandtschaft vorgekommen. Alle waren sie gute, brave Menschen, rechte Christen. Nicht einmal draußen in der Welt geschieht so etwas. Und dein armer Vater –, das Herz hast du ihm gebrochen. Nein, lauf nicht weg! Habe wenigstens den Mut, mich anzuhören und die Wahrheit zu ertragen. Sicher hast du für dich selbst tausend Entschuldigungsgründe. Aber es gibt keinen, hörst du: keinen!"

Ich renne aus dem Zimmer. Nur weg! Ohne anzuhalten, jage ich aus dem Haus und hinauf zum Gehölz. Er darf mich nicht mehr finden. Ich kann seine Worte nicht ertragen. Sie brennen wie glühendes Eisen in meinem Innern. Er hat ja recht, tausendmal recht. So wie er muß jeder denken, der davon weiß. Auch Tibor. Nein, ich kann nicht mit ihm reisen. Ich bin es nicht wert zu leben; schon gar nicht, mich auch noch zu freuen. Aus ist es mit mir. Aus, schon lange.

Ich weiß beim Tunnel eine Hochspannungsleitung. „Lebensgefahr" steht auf einem gelben Schild. Es zieht jedesmal meine Blicke an wie ein Magnet. Bisher habe ich mich immer davon losreißen können. Aber jetzt steht mein Entschluß fest. Was soll ich noch hier? So wie Onkel Fredrik es sieht, muß es jeder vernünftige, fühlende Mensch sehen. Recht hat er, tausendmal recht. Er spricht es aus, die andern behalten es für sich, heucheln mir Mitleid und Anteilnahme. Gut, daß der Bruder meines Vaters gekommen ist. Noch rechtzeitig, bevor ich ein weiteres Unheil anrichte; Unselige, Verdammte, die ich bin.

Ich haste den Hang hinauf. Dort drüben ist die Brücke. Ich verzichte darauf, an der Straße entlangzugehen, und renne über das Feld. Diesmal wird es mir gelingen. Kein Mensch ist zu sehen. Auch er, der mich jedesmal zurückhielt, kann jetzt nichts mehr tun. Für Ruth tut es mir leid. Sie war so gut zu mir. Freilich auch nur, weil sie mich für ihresgleichen hält. Auch sie habe ich die ganze Zeit getäuscht. Das soll jetzt ein Ende haben.

Und Markus? Er will mich Neujahr besuchen. Ich halte inne. Wenn mich etwas abhalten kann, dann ist er es. Er hat die ganze Zeit keine Mutter gehabt, die wichtigsten Jahre seines Lebens. Aber er hat nie aufgehört, mich zu lieben. Er freut sich auf mich. Er hofft sogar, daß wir uns wieder finden, sein Vater und ich. Gutes Kind. Ich habe ihn seiner Geschwister beraubt. Trotzdem hat er nie an mir gezweifelt. Wenn etwas Liebe ist, dann ist es dies.

Ein Feuer wütet in meinem Innern, während ich weiterhaste. Vielleicht ist der Schmerz nicht so groß, wie ich fürchte.

Hat er all die Jahre überstanden, wird er auch dieses überwinden. Er ist stark, mein Sohn. Er ist nicht aus meinem Holz geschnitzt. Nein, er wird nicht verzweifeln. Eine Botschaft hätte ich ihm gern hinterlassen. Aber das kann ja Onkel Fredrik besorgen.

Ich höre das Dröhnen des Siebenuhr-Schnellzuges. Wie ein Wurm windet er sich durch die tiefgelegene Bahntrasse. Jetzt ist es still. Hier soll der Jammer meines Lebens sein Ende finden. Besser wäre gewesen, ich hätte nie gelebt. Nur Elend und Schrecken sind durch mich gekommen, nichts Gutes.

Die gelbe Tafel ist ganz nahe. Ich breche einen nassen Zweig vom Strauch und stelle mich in die Nässe eines Tümpels. Mir scheint, der Tod durch elektrischen Strom sei zu human für mich. Schnell, schmerzlos. Aber wenigstens ist er sicher, unfehlbar. Als Kind hörte ich von einem, der eine Starkstromleitung berührte. Man sagte, er sei ganz schwarz gewesen, verkohlt. Und das in einem Augenblick.

Noch ein letzter Blick ringsum. Nein, diesmal vereitelt keine Menschenseele mein Vorhaben. Weit und breit ist niemand zu sehen. Was zaudere ich? Habe ich noch etwas zu verlieren? Ich hebe den Stock und berühre die Leitung.

Warum schüttelt es mich nicht? Höher recke ich mich. Kein Zweifel, da sind die Drähte. Es muß funktionieren. Immer noch bin ich da. Seltsam. Dann werde ich eben hinaufklettern. Ich klettere mit klammen Fingern die Eisenträger hoch. Jetzt kann ich die Drähte berühren. Sie fühlen sich eisig an. Ich warte auf den Stromstoß, warte und warte. Nichts geschieht. Ein Blick ringsum. Wo ist die Helligkeit, die vorher den Himmel rot färbte? Das Licht, das die Lichter des Dorfes gegen den Himmel wirft? Alles ist grau, der Himmel schwarz, die verschneiten Felder bleich wie Totengebeine. Lange warte ich, meine Hand am Draht. Dann lasse ich mich hinuntergleiten.

Wie ich heimkomme, weiß ich nicht. Die Uhr schlägt neun. Die Straßenlampen weisen mir den Weg. Ruth ist beunruhigt. Sie brüht rasch eine Tasse Tee auf.

„Du bist ja ganz verfroren. Wo warst du denn? Dein Onkel

hat dich überall gesucht."

Ich bleibe ihr die Antwort schuldig. Was ich nicht begreifen kann –, daß niemand von einer Stromunterbrechung erzählt. Nur so könnte ich mir das Mißlingen meiner Absicht erklären.

Es scheint, als dürfe ich einfach nicht sterben. Aber warum nicht? Warum nur? Die Sache läßt mir keine Ruhe. Am Mittag des nächsten Tages laufe ich zum Bahndamm. Ich habe Glück: Ein Briefträger kommt mir entgegen. Ich deute auf das gelbe Schild: „Ist es immer noch lebensgefährlich, den Starkstrom hier zu berühren, oder hat es inzwischen Sicherungsvorkehrungen gegeben?"

Der Mann mit der Mütze steigt vom Rad und beschaut sich die Tafel. „Ja, das hat immer noch seine Richtigkeit", bestätigt er. „Da ist vor gar nicht langer Zeit ein Betrunkener umgekommen. Ganz schwarz war er …"

Nachdenklich gehe ich in meine Waschküche zurück. An diesem Abend teile ich Tibor mit, daß ich nicht mit ihm reisen kann. Er lacht mich zuerst aus. „Da gibt es nichts mehr zu ändern: Alles ist bestellt und abgemacht. Sogar die Fahrkarten haben wir schon. Was ist? Warum plötzlich dieser Rückzug?"

„Ich muß dir etwas sagen."

Wir wandern die schmale Straße zum Kieswerk entlang. Zwischen den verschneiten Wiesen sieht sie wie ein schwarzer Graben aus oder wie ein dunkler Fluß. Durch den dünnen Mantel spüre ich die Wärme seines Armes. Einen Augenblick habe ich den Wunsch, mich treiben zu lassen, mit dem Strom zu schwimmen, nicht zu überlegen, sondern zu versuchen, noch einmal etwas vom Leben zu haben. Aber es gibt kein Zurück mehr.

„Ich habe ein furchtbares Verbrechen begangen", sage ich. „Weil es in geistiger Umnachtung geschah, wurde ich nicht bestraft, sondern in eine Klinik gebracht. Dort blieb ich vier Jahre. Mein Mann hat sich von mir scheiden lassen. Er haßte mich und erlaubte unserem Sohn nicht, mich zu sehen. Erst jetzt habe ich ein Lebenszeichen von ihm erhalten. Er möchte mich sehen."

„Was hast du getan?“, fragt Tibor, ohne mich anzusehen.

Ich springe ins eiskalte Wasser: „Ich versuchte, mit meinen beiden Mädchen aus dem Leben zu gehen. Die Kinder sind tot. Mich hat man gerettet.“

Wir gehen durch die Dämmerung. Tibor hat meinen Arm losgelassen. Jetzt macht er kehrt.

„Ich habe Kinder sehr gern“, sagt er endlich und dann kein Wort mehr.

Ich weiß nicht, wie ich in mein Zimmer gekommen bin. Da liege ich im Dunkeln und starre zur Decke. Nein, für mich gibt es nur noch eins und das je schneller um so besser.

Am nächsten Tag sehe ich Tibor mit zwei Koffern in ein Taxi steigen. Er geht ohne ein Wort. Es war unrecht, ihm so lange nichts zu sagen. Es kommt mir vor, als sei ich um Monate zurückgeworfen. Wieder kreisen meine Gedanken nur noch ums Sterben. Was soll mir noch ein Leben? Ruth tut für mich, was sie kann. Sie schlägt Konzertbesuche vor, wandert mit mir an langen Sonntagnachmittagen durch die Gegend, plaudert und berichtet pausenlos. Sie versucht, mich aus meiner Erstarrung zu lösen.

„Vielleicht will Gott, daß deine Familie wieder zusammenkommt“, sagt sie. „Er will auch dich aus dem Rachen der Angst reißen und in einen weiten Raum stellen, wo keine Bedrängnis mehr ist“, sagt sie. „So war es auch bei mir. O, ich möchte heute mit keinem Menschen tauschen, obwohl mein Dasein sehr begrenzt erscheint. Aber ich habe einen so tiefen Frieden gefunden, den ich nie mehr missen möchte. Was würde ich dafür geben, wenn auch du ihn finden könntest. Willst du nicht einfach die Erlösung zur Basis deines Lebens machen, um dich dann entschlossen loszulassen?“

„Erlösung? Gibt es die denn für mich? Du weißt ja nicht, wen du vor dir hast.“

„Doch, ich weiß es. Und ich sage dir: Gerade für Menschen wie dich ist Jesus gestorben. Und ich bin sicher, daß er noch Großes mit dir vorhat. Er hat das Unheil nicht verhindert, obwohl es ihm ein leichtes gewesen wäre. Warum hat er es geschehen lassen, wo doch ohne seinen Willen kein Haar von unserem Haupte fällt? Hätte er zum Schutze deiner Kinder nicht Engel genug aufbieten können? Hätte er nicht zur rechten Zeit Menschen schicken können? Es ist unbegreiflich und unfaßbar. Aber ich denke immer: Wie muß Gott Gisela lieben, daß er sie so tief fallen ließ."

Was ist? Ich weine ja. Die Tränen laufen über mein Gesicht. Ein wahrer Strom überschwemmt mich. Das ist das erste Mal, daß ich weinen kann. Sogar die Tränen waren mir all die Jahre verwehrt. Vielleicht tut es gut. Es schwemmt vieles hinweg. Vielleicht löst das Naß die harte Kruste, die mein Herz umfängt?

„Wie kannst du sagen, daß Gott mich liebt?", würge ich endlich hervor. „Hat er mich nicht verdammt, vergessen, bei lebendigem Leibe in die Hölle geworfen? Ich, die unschuldiges Blut vergossen hat. Heißt es nicht, daß solche dem Herrn ein Greuel sind?"

„Du hast nicht töten wollen", sagt Ruth. „Du wolltest mit den Kindern in ein besseres Dasein flüchten, das ist etwas anderes. Was denkst du, hat Paulus getan? Er hat in blindem Eifer die Elite der Christen umgebracht. Er war dabei, als Stephanus gesteinigt wurde. Und das hat ihm noch gefallen. Diesen Mann hat Gott zum größten Apostel gemacht. Oder nimm König David: Er ließ Bathsebas Mann heimtückisch umbringen, um seinen Ehebruch zu vertuschen. Dennoch wird er ‚ein Mann nach dem Herzen Gottes' genannt. Siehst du, daß Gott anders denkt, als wir Menschen?"

Wir sitzen im Dunkel unseres Zimmers. Draußen liegt die helle Winternacht, ein klarer Mond auf schwarzblauem Grund, funkelnde Sterne, das matte Weiß des Schnees darunter.

„Ruth, ich wollte in dieser Woche Schluß machen. Ich ging hinauf zur Starkstromleitung, stellte mich in eine Pfütze, nahm einen Stock und langte hinauf. Es geschah nichts. Immer wieder habe ich es probiert. Umsonst. Schließlich kletterte ich den Mast empor und berührte die Leitung mit der Hand. Nichts. Ich dachte dann an einen totalen Stromausfall. Es kam mir so vor, als wären die Lichter im Dorf erloschen. Aber ich wagte niemanden zu fragen, aus Angst ... ja, aus Angst vor einer natürlichen Erklärung. Tief in mir steckte doch wohl der Wunsch, daß Gott seine Hand im Spiel hatte."

„Es war ein Stromausfall", unterbrach mich Ruth aufgeregt. „Habe ich dir das nicht gesagt? Wir mußten zwei Stunden mit Kerzen auskommen. Der Grund dafür waren die heftigen Schneefälle, so hieß es jedenfalls. Nur –, bei uns schneite es ja gar nicht."

Ruth kommt zu mir, umarmt mich. „Ich bin jetzt zwei Jahre hier. Noch niemals hat es so etwas gegeben. Merkst du was?" Sie jubelt fast.

Mein Kopf ist wirr. Ich mache mich los. Darüber will ich in Ruhe nachdenken.

Die Nacht ist still. Ich höre Ruths Atem. Sie schläft. Ich bin hellwach. Etwas ist geschehen. Ich denke nicht mehr daran, wie ich es anstellen muß, um sterben zu können. Mein Blick richtet sich vorwärts, zum ersten Mal. Ist es möglich, daß die offene Wunde sich mit Haut überdeckt? Daß der Schmerz nachläßt, daß die Heilung einsetzt? Ein Staunen kommt über mich. Es wächst, es weitet mir die Brust. Ich atme tief durch. Die Last ist weg? Tatsächlich! Sie ist nicht mehr da.

*

Am nächsten Tag geht mir die Arbeit leicht von der Hand. Ich zähle die Hemden, die in ansehnlichen Stapeln vor mir liegen. Manchmal werfe ich einen Blick hinaus auf den Hof. Die kalte, klare Nacht hat alle Bäume mit Rauhreif überzogen. In der blassen Sonne glitzert der Wald, als wäre er aus lauter Kristallen. Das sieht schön aus.

Wie lange noch bis Weihnachten? Nur noch drei Wochen. Ich habe noch nichts vorbereitet. Vielleicht gelingt mir ein Pullover für Markus? Er trägt am liebsten Blau. In der Mittagspause werde ich mir im Dorf Wolle besorgen. Und was ist mit Mutter? Sagte sie nicht, daß sie sehr ungeschickt mit ihrem Geschirr umgeht? Vielleicht finde ich ein schönes Kaffeeservice? Ob sie sich darüber freuen würde? Ruth darf ich auch nicht vergessen. Ein Buch vielleicht? Wenn ich am Samstag nach Braunfelden fahre, werde ich bestimmt etwas Geeignetes finden.

Ich mache Pläne. Das ist neu für mich. Ist es möglich, daß dieses Kreisen um mich selbst durchbrochen ist? Wie befreiend, an andere zu denken. Das Staunen in mir ist immer noch da.

Um fünf Uhr kommt eine Schulklasse zum Nikolaussingen. In der vordersten Reihe steht ein silberblondes Kind. Es schaut mich an. Ein Messer fährt mir durchs Herz. Es sieht aus wie Mirjam. Da ist die Last wieder. Wie ein Berg preßt sie mir die Luft zusammen. Der Anblick eines blonden Kindes genügt, um jede Erleichterung zu ersticken. Wird das nun immer so bleiben, oder lerne ich, damit zu leben?

Mit hängenden Schultern gehe ich in mein Zimmer. Ruth spürt, wie es um mich steht. Diesmal aber kann ich ihr sagen, was mich niederschmettert.

„Ich verstehe dich. Das wird immer wieder kommen, davor wirst du wohl nie sicher sein. Aber dann mußt du wissen: Sie sind bei Gott, deine Kinder. Jesus hat gesagt: Das Himmelreich gehört ihnen. Um sie brauchst du dich nicht zu sorgen. Sie sind in der ewigen Freude und möchten nie mehr zurückkommen. Ich kenne eine Frau", berichtet mir jetzt Ruth, „die mitansehen mußte, wie ihr einziger Sohn bei lebendigem Leibe verbrannte. Gasexplosion. Sie wurde Zeuge seiner furchtbaren Qualen, bis der Tod ihn erlöste. Lange haderte sie mit Gott. Es konnte ihn nicht geben, den Vater im Himmel, der die Liebe genannt wird. Nur ein böses Wesen konnte so etwas zulassen. Ihr Gemüt verdüsterte sich. Mit dem Sohn hatte sie auch ihren Glauben verloren. Da hatte sie in einer Nacht einen Traum. Sie sah Jesus, der ihren Sohn an der Hand führte; unverletzt und mit einem neuen, makellosen Leib. Diesen Traum konnte sie als ein Geschenk annehmen. Er veränderte sie! Seitdem lobte sie Gott. Sie lernte auch für das Unfaßbare danken."

Da weine ich wieder. Lange und still. Ruth sagt nichts mehr. Doch, der Friede ist wieder da. Wie ein Strom umhüllt er mich. O, wenn ich es nur glauben dürfte, daß sie leben, daß sie im Licht sind, daß sie nie mehr Mangel leiden werden! Und daß ich sie einmal wiedersehen werde! Daß alles, was ich getan habe, im Meer versenkt ist; da, wo es am tiefsten ist. Wenn ich es doch nur glauben und festhalten könnte, jetzt und immer! Dann könnte meine Seele wieder atmen, wieder leben. Dann hätte mein Dasein wieder seine Berechtigung.

In dieser Nacht bin ich mal wieder daheim, in unserem Wohnzimmer. Vor den Fenstern tagt ein klarer Wintermorgen. Die Milch ist mir übergelaufen. Es riecht süß und klebrig. Markus sitzt schlaftrunken am runden Tisch. Es kostet immer Mühe, ihn wachzukriegen. Die Kleinen schlafen noch mit roten Wangen in ihren zerwühlten Betten. Urs ist früh weggefahren. Er hat mich zum Abschied geküßt. Draußen scheppert der Bauer Florian mit den Milchkannen. Er hat eine schwarze Zipfelmütze auf dem Kopf. Über dem verschneiten Wald wird es hell. Bald geht die Sonne auf. Wie schön, endlich ein klarer Tag nach all den Wochen voller Nebel und Nässe. Es riecht nach Tannenreis und geschmolzenem Kerzenwachs. Markus ißt seinen Lebkuchen, dick mit Butter bestrichen. Er hat ihn am Vorabend von der St. Nikolausfeier heimgebracht. Jetzt regt es sich im Nebenzimmer. Da steht auch schon Klein-Esther in der Tür und blinzelt ins Helle. Wie warm sie sich in meine Arme kuschelt. Sie legt den Kopf auf meine Schulter. So richtig wach ist sie noch nicht. Ich ziehe noch die Decke über Mirjam's Beine. Sie liegt immer obenauf. Jetzt helfe ich Markus in seinen Mantel, stülpe die Mütze über seinen Kopf. Ein herzhafter Kuß und draußen ist er. Er geht gerne zur Schule, hat immer gute Noten. Sein Freund Alexander wartet an der Ecke auf ihn. Sie sind unzertrennlich, die beiden. Ich sehe ihnen nach, wie sie zusammen in das Dorf gehen; Schulter an Schulter, lebhaft gestikulierend. Wie gerne wüßte ich, was sie so Wichtiges zu besprechen haben.

Jetzt wird auch Mirjam wach. Mit einem Satz ist sie da, sieht auf den Tisch. Da liegt noch ein halber Lebkuchenmann. So etwas mag sie für ihr Leben gern. Süßigkeiten sind wichtig für sie. Ihr helles Haar steht wirr um das feine Gesichtchen. Sie bekommt ihren Tee. Milch brauche ich ihr nicht zu geben; die ist ihr zuwider. Aber sie ist auch so gesund und kräftig.

Jetzt klopft es an die Tür. Das ist Sabine, Mirjams Freundin. Sie ist ein Einzelkind und ein ständiger Gast bei uns. Auch sie bekommt ein Frühstück. Die Mädchen kichern. Es gibt immer Grund zu lachen. Ich fühle mich so wohl. Alles ist gut und schön. Reich bin ich, das ist wahr. Während Esther ihre Puppen aus dem Schlaf weckt, mit ihnen bald scheltend, bald liebevoll spricht, tauche ich meine Hände ins Wasser und spüle das Geschirr. Dann erwache ich.

Wie oft bin ich im Traum zu Hause. Die Kinder sind da; lebendig, fröhlich, manchmal auch quengelig und mühsam, denn Engel sind sie nicht. Aber die Welt stimmt. Doch dann erwache ich und weiß, daß alles vorbei ist. Nichts und niemand kann das Rad zurückdrehen. Ich gäbe mein Leben darum, könnte ich die letzten fünf Jahre ungeschehen machen!

Ich sehe mich in dem Zimmer um, das ich mit Ruth bewohne. Es ist hübsch ausgestattet mit dem Bücherbrett, den Hängepflanzen, einem bestickten Taschentuch, dem Adventskranz mit roter Kerze, mit Äpfeln und Apfelsinen in der dunkelgrünen Schale, Nüssen im geflochtenen Korb. Ich sehe alles und begreife nichts. Wie war das alles möglich?

Aber dann fällt mir auf, daß diesmal nicht das nackte Entsetzen nach mir greift. Nur Wehmut und stille Trauer. Nein, der Friede ist nicht gewichen. Er hält an, auch jetzt. Wie bin ich froh darüber! Ein Wort fällt mir ein: „Tausend Jahre sind vor ihm wie ein Tag …“

Das Leben ist unauslöschlich, ewig, immer. Ich werde viel Zeit haben. Und die werde ich nutzen, um gutzumachen, zu lieben, zu hegen und zu pflegen. Ich werde sie auch wiedersehen. Ruth hat gesagt, daß Kinder dort liebevoller umsorgt werden, als es die beste Mutter könnte.

Sie ist bereits zur Arbeit gegangen. Was lehnt da an der Vase mit den Eukalyptuszweigen?

„Auf, auf, gib deinem Schmerze
und Sorgen gute Nacht,
laß fahren, was das Herze,
betrübt und traurig macht;
bist du doch nicht Regente,
der alles führen soll;
Gott sitzt im Regimente
und führet alles wohl."

Ich habe eine Freundin gefunden. Es ist gut, daß ich hierherkam. Das war kein Zufall. Ich bin froh, daß Tibor weg ist. Er hätte mich auf meinem Weg nur aufgehalten. An meiner Stelle ist die junge Schwester Veronika mit ihm gegangen. Er hat sich schon immer gut mit ihr verstanden. Es tut überhaupt nicht weh. Im Gegenteil! Ich bin froh darüber.

Der Geruch nach Seifenpulver, Stärke und Sauberkeit in der Waschküche gefällt mir. Es riecht alles so neu. Hell ist es heute. Die Sonne bricht durch die Äste des Gehölzes. Aus dem Lautsprecher höre ich die Übertragung der Morgenandacht aus dem großen Saal. Es ist Vater Wagner, der sie hält. Zuerst singen sie ein Lied. Ich kenne es von früher:

„Tochter Zion, freue dich,
jauchze laut, Jerusalem!
Sieh, dein König kommt zu dir,
ja, er kommt der Friedefürst!"

„Liebe Brüder und Schwestern", höre ich Wagners Stimme. „Jesus traf einmal einen Mann, der mehr als dreißig Jahre lang krank gewesen war, und fragte ihn: ‚Willst du gesund werden?' – Was er von ihm erwartete, waren weder Bußübungen noch gute Vorsätze, sondern das Vertrauen in ihn und seine Macht. Wo ein großes Verlangen nach Rettung vorhanden ist, kann Gott auch den schwächsten Willen stärken und wirkliche Heilung schenken. Bei ihm ist kein Ding unmöglich. Heißt es nicht in Psalm 107: Die krank waren ob ihres sündhaften Wandels und um ihrer Missetat willen, die schon nahe waren den Pforten des Todes, die dann aber zum Herrn schrien in ihrer Not, und denen er aus ihrer Drangsal half, denen er sein Wort sandte und machte sie gesund, die er errettete aus ihrem Verderben, die sollen dem Herrn danken für seine Güte und für seine Wunder an den Menschenkindern."

Seltsam, jedes Wort, das ich höre, scheint nur mir persönlich zu gelten. Wie lange war ich taub, vernahm nichts, drang nichts in mein Bewußtsein. Und auf einmal spricht alles zu mir. Mein Staunen wird übermächtig. Die Tränen stürzen mir aus den Augen. Ist dieser Psalm nicht genau für mich geschrieben? – „Die schon nahe waren den Pforten des Todes ..."

Sollte doch noch einmal alles gelten, auch für mich? Die Liebe und Barmherzigkeit Gottes? Seine Zuwendung, sein Erbarmen, sein persönlicher Anruf? Für mich, die Elendeste unter den Menschen?

In der Mittagspause stricke ich am blauen Pullover für Markus. Man kann zusehen, wie er wächst. Ob ich die richtige Größe weiß? Hoffentlich ist er nicht zu klein. Man trägt sie heute los und lang.

Wenn ich fleißig bin, werde ich noch in dieser Woche fertig werden. Ich male mir aus, wie es sein wird, wenn wir uns wiedersehen. Könnte ich ihn doch nur jetzt schon sehen! Nur verstohlen und von weitem. Aber habe ich mehr als vier Jahre warten können, werde ich wohl diese zwei Wochen auch noch aushalten. Aber ihn zu sehen – heimlich, wie man einer großen Liebe folgt, kann mir niemand verbieten.

Er geht in Brockental zur Schule. Ich kenne das Schulhaus. Ich möchte sehen, ob er Freunde hat, ob er fröhlich ist, aufgeschlossen und lebhaft wie früher. Ob ihn der Verlust seiner Geschwister und seiner Mutter nicht seelisch krank gemacht hat. Unfaßbar, daß mir der Gedanke nicht früher gekommen ist. Daß ich so lange Zeit wie in einen dumpfen Stall gesperrt war, ohne mir darüber Gedanken zu machen. Ich muß schon sehr ausgelöscht und krank gewesen sein. Daß ich das Leben überhaupt ertragen konnte, ohne ihn zu sehen? Ich werde es nie verstehen.

Montagmorgen, mein freier Tag.

Ich gehe zum Dorf hinunter. Die Wolken sind fein gefiedert und rosa gefärbt. Früher hätte ich gesagt: wie eine Neujahrskarte. Unter meinen Stiefeln bricht knisternd das feine Eis, das sich über Nacht gebildet hat. Um acht Uhr fünf fährt mein Zug. Pünktlich elf Uhr vierzig komme ich an, vielleicht noch früh genug, um Markus aus der Schule kommen zu sehen. Mein Herz klopft vor Erwartung. Markus wohnt mit seinem Vater zusammen bei einer Verwandten. Die Familie hat zwei Kinder, elf und sieben Jahre alt. Ein Mädchen und einen Jungen. So hat er doch Spielgefährten um sich, ist nicht allein. Meine Mutter hat mir erzählt, daß er ein guter Schüler geblieben ist, daß er einmal studieren will.

Mir gegenüber sitzt eine Frau mit einem runden Gesicht. Sie fährt zur Kontrolle in das Krankenhaus. In ihrer Brust hat sie einen Knoten entdeckt. Ihr Arzt hat sie zwar beruhigt; glaubt, daß es sich um eine harmlose Zyste handelt. Aber sie ist doch voller Angst. Man hört so viel Schlimmes. Im Krankenhaus haben sie die nötigen Apparaturen, um festzustellen, was sie hat. Möglicherweise behält man sie gleich da. Sie redet und redet. Sie ist „immer gesund" gewesen, sagt sie. Sie rauche und trinke nicht, sei viel an der frischen Luft, schlafe ausgiebig.

Sie hofft, daß ich ihr Mut zuspreche. Ich stelle fest, daß ich noch nicht imstande bin, mich in die Nöte meiner Mitmenschen einzufühlen. Ich bin traurig darüber, kann es aber nicht ändern. Noch nicht.

Ich muß vermeiden, daß Markus mich sieht. Was würde Urs wohl sagen, wenn er wüßte, daß ich mich heimlich hinter einen Baum stelle, um von weitem meinen Sohn zu sehen? Urs ...

Immer noch vermeide ich es, an ihn zu denken. Ich weiß, daß er alles getan hat, um den Jungen fröhlich zu machen, ihn den Verlust von Mutter und Geschwistern nicht spüren zu lassen. Mutter hat mir erzählt, daß er seine ganze Freizeit Markus widmet, daß er mit ihm Sport treibt, Touren unternimmt, mit ihm Tennis spielt, ihn reiten läßt. Er muß sein ganzes

Leben geändert haben. Ein guter Vater war er immer. Jetzt übertrifft er sich selbst. Markus sei schuld, daß die Beziehungen zu anderen Frauen mehr oder weniger abrupt abgebrochen wurden. Vielleicht mochten sie nicht teilen? Eine Frau will nicht hintenanstehen, schon gar nicht, wenn es sich um den Sohn der ersten Frau handelt.

Ich darf immer noch nicht daran denken, was Urs gelitten hat. Ich kenne keinen Menschen, der bedauernswerter wäre als er. Wie hat er die Kinder geliebt, auch als er sich mir schon lange entfremdet hatte. Auch dann, als er unter einem Vorwand oft länger ausblieb. Wahrscheinlich war Untreue im Spiel. Ich wollte es nie wissen. Eifersucht war mir immer fremd. Auch seltsam. Er muß eine totale Wandlung erlebt haben, daß er nur noch für das Kind da ist.

„Sein Erfolgsdenken hat er aufgegeben", sagt Mutter. „Er arbeitet nur noch von neun bis fünf Uhr."

Wenn ich an Urs denke, schiebt sich eine Wand vor meine Augen. Ich kann ihn weder sehen noch kann ich ihn mir vorstellen. Am Ende war unsere Beziehung so krank, so kaputt.

Brockental. Ich zittere vor Aufregung; vergesse, der Frau gegenüber alles Gute zu wünschen.

Den Bahnhof kenne ich von früher. Da ist die Hauptstraße, die bis zum Postgebäude führt, und gleich gegenüber ist das große Schulhaus, mitten im Park. Es gibt viele Bäume, hinter denen ich mich verbergen kann. Ich suche einen aus, der in der Nähe des Hauptportals steht. Er hat einen mächtigen Stamm. Gleich wird die Glocke schrillen: Mittagspause.

Es ist elf Uhr fünfzig. Jetzt! Ich stehe und zittere wie Espenlaub. Die Schultür fliegt auf. Kinder kommen herausgestürmt; größere, kleinere, mehr und immer mehr. Unmöglich, daß ich Markus übersehen kann. Vier Jahre sind zwar eine lange Zeit, aber ich werde ihn sofort erkennen.

Der Strom reißt nicht ab. Ein paar Lehrer sind auch darunter. Jetzt wird die Schar kleiner. Bis jetzt war Markus nicht dabei. Ob er nachsitzen muß? Oder ob er krank ist? Hoffentlich nicht. Daß hier seine Schule ist, weiß ich genau.

Dort! Er kommt. Ich vergesse, mich zu verbergen. Er sieht

auch gar nicht in meine Richtung. Mein Puls jagt. Mein Sohn! Wie schön er aussieht! Er spricht mit einem Jungen seines Alters, zeigt ihm ein Heft, steckt es wieder ein, lächelt ganz schnell, wird wieder ernst. Jetzt ist er ganz nahe. Ich schlage die Augen nieder, als könnte er mich dann weniger leicht entdecken. Aber er ist so in sein Gespräch vertieft, daß er mich nicht beachtet. Wie ernsthaft das kleine, braune Gesicht ist, wie klar und aufmerksam der Blick. Er mag gelitten haben, aber gebrochen ist er nicht. Ich danke dir, o Gott. Er lebt, er ist ganz lebendig. Er sieht nicht aus wie einer, der Mangel leidet.

Urs war so klug, ihn in einer Familie aufwachsen zu lassen. Der Vater ist früh gestorben. Die Mutter muß arbeiten, aber sie tut es nur nachts, damit die Kinder sie nicht entbehren. Immer dann, wenn Urs da ist. Das ist gut. Vielleicht ist sie eine mütterliche Frau; eine, die Liebe zu geben hat. Mehr als ich. O wie gut es mir tut, ihn so zu sehen; unversehrt, mit klugen und wachsamen Augen. Ich möchte auf die Knie fallen, danken, loben und preisen.

Er ist nicht groß für sein Alter. Eigentlich hat er sich wenig verändert. Wie konnte ich nur all die Jahre ohne ihn leben?

Noch lange stehe ich an den kalten Stamm der Kastanie gelehnt. Gerne wäre ich ihm gefolgt, um zu sehen, wo er wohnt. Aber wenn ich hier stehenbleibe bis die Schule wieder beginnt, kann ich ihn ja vielleicht noch einmal sehen. Vielleicht esse ich eine Kleinigkeit?

Dort drüben ist ein Gasthaus. Ich setze mich in die Ecke mit den Butzenscheiben. Der Raum ist warm getäfelt. Alle Tische sind besetzt. Jetzt kommen ein Mann und eine junge Frau an meinen Tisch. Lehrer könnten sie sein. Vielleicht sogar Lehrer von Markus? Ich spitze die Ohren. Zuerst sprechen sie über Neuigkeiten aus der Tageszeitung; dann ausführlich über ein Kind, das ohne Entschuldigung drei Tage gefehlt hat. Ich habe richtig vermutet. Die Weihnachtsfeier wird in der Gymnastikhalle stattfinden. Die Eltern sind eingeladen. Der „Kleine Prinz“ von St. Exupéry soll gespielt werden. Von Ralf ist die Rede, der die Hauptrolle spielt. Wie gerne würde ich nach Markus fragen, ganz beiläufig. Aber was müßten sie denken? Vielleicht kennen sie sogar seine Geschichte? Nein, ich schweige lieber.

Ich bestelle eine heiße Suppe mit Bauernbrot. Und dann kann ich doch nichts essen. Lange sitze ich bei einer Tasse Kaffee. Sie wird kalt. Die beiden politisieren lebhaft. Sie genießen ihre Formulierungen, hören sich selbst gern zu, führen einen Wettstreit in Worten. Das kommt mir so bekannt vor. Habe ich diesen Sport der Eitelkeit nicht auch gerne betrieben? Ich fühle mich sehr alt neben diesen beiden.

Ein Uhr vierzig. Ich stehe auf, gehe langsam zur Schule. Bald kommen die Kinder; zuerst vereinzelt, dann in Gruppen. Markus ist nicht darunter. Ich bleibe, bis es zwei Uhr schlägt, gebe noch fünf Minuten dazu. Er kommt nicht. Ich kann ihn nicht übersehen haben. Vielleicht hat er am Montag keinen Nachmittagsunterricht? Oder mußte er zum Zahnarzt? Soviel ich sehen konnte, schien er gesund. Nun bleibt mir nichts anderes übrig als zurückzufahren. Es dauert ja nicht mehr lange, dann werde ich ihn nicht nur sehen, sondern mit ihm sprechen können.

„Er hat nie aufgehört, dich zu lieben", sagte Mutter. Obwohl ich ihm so viel genommen und zerstört habe. Ist das nicht unfaßbar? Unfaßbar wie Gottes Liebe, die keine Grenzen kennt, denke ich.

Wie im Traum fahre ich zurück. Die Straßen der Dörfer und Städtchen sind weihnachtlich geschmückt. Lichtgirlanden ziehen sich von einem Ende der Straße zum andern. Mit vollen Taschen steigen die Leute ein. Es gibt noch viel einzukaufen bis zum Fest aller Feste.

Auf meinem Tisch stapeln sich die Geschenke, schön verpackt in Weihnachtspapier, mit Tannenreis und goldenem Band geschmückt. Seit vier Jahren ist es das erste Mal, daß ich an Schenken gedacht habe.

Wie war das in der Zwischenzeit? Die Erinnerung daran will sich nicht einstellen. War ich nicht wie ein Tier in dumpfem Winterschlaf? Keine Regung bewegte mein Herz. Und doch jagten die Gedanken kristallklar durch mein Hirn. Denken können und doch nichts zu fühlen –, das ist furchtbar. Daß ich noch da bin, daß ich nicht unterging in der Nacht des Wahnsinns, ist es zu fassen? Und daß ich wieder zu leben beginne, zu fühlen, ein Mensch zu sein?

Ich kann noch nicht beten. Ich bin wie ein Kind, das erst sprechen lernen muß. Noch ist es nur ein unverständliches Lallen. Aber das Staunen ist da, die Wärme beginnender Freude. Zugleich aber kann ich auch wieder Schmerz empfinden. Wenn ich Kinder sehe, stürzen mir die Tränen aus den Augen. Ich suche nach zwei lieben, vertrauten Gesichtchen. Wenn ich eins sehe, das ihren Gesichtern gleicht, steht mir das Herz still. Wird das jetzt mein Leben lang so bleiben? Oder darf ich auch ein Heilen der Erinnerungen erleben? Anders wäre es nicht zu ertragen.

Ruth, vor der ich keine Geheimnisse mehr habe, sagt dazu: „Wenn ein Geist der Furcht dich bedrängt, will dich der Herr nicht nur von diesen Belastungen freimachen, sondern er möchte auch deine Erinnerungen an dem Punkt heilen, an dem dich die Furcht zu bedrängen begann.“ Sie hat mir eine Bibel auf den Nachttisch gelegt. Heute morgen fand ich den Vers:

„Siehe, um Trost war mir sehr bange, aber du hast dich meiner Seele herzlich angenommen, daß sie nicht verderbe, denn du wirfst alle meine Sünden hinter dich zurück.“

Jetzt weihnachtet es sehr. Alle Räume duften nach Tanne und Kerzenwachs, nach süßem Gebäck und Weihnachtsstollen. Überall hört man Weihnachtslieder. Es wird geübt, eine feierliche Stille senkt sich über das Haus. Obwohl kein Schnee mehr gefallen ist, könnte es nicht weihnachtlicher sein.

Ich erinnere mich an unser Pfarrhaus am Rande des Brokken. Wunderschön war es da in diesen Tagen. Weihnachten war auch die Verlobung mit Urs. Wie jung und voller Schwung ich damals war; unbelastet, voller Neugier auf das Leben, das vor mir lag. Der Ring, den mir Urs schenkte, steckt heute noch an meinem Finger. Der Finger ist aufgequollen von meiner Arbeit in der Waschküche. Nur mit Mühe kann ich den Ring abstreifen. Ja, hier steht es deutlich: Einen andern Grund kann niemand legen, außer dem, der gelegt ist,

Christus. Unser Trautext!

Wären wir beide auf diesem Grund geblieben, hätte dann nicht alles anders kommen müssen? Wären wir dann nicht von diesem Entsetzlichen verschont geblieben? Brauchte es diese Hölle, damit wir lernen, nach dem Himmel zu schreien? Nein, ich fasse es nicht. Ruth sagt, daß ich einmal die Antwort erfahren werde. Solange muß ich geduldig warten.

Der Heilige Abend senkt sich still über das Land. Im großen Saal hat sich die Hausgemeinde mit den Gästen versammelt. Eine hohe, mit gelben Kerzen geschmückte Weißtanne verbreitet goldenen Glanz. Der Schwesternchor singt: Soli deo gloria. Engel können kaum schöner singen. Vater Wagner erzählt die Geschichte von den klugen und törichten Jungfrauen, wie sie warten und schläfrig werden, als sich die Ankunft des Bräutigams verzögert. Und dann der Ruf: „Er kommt, er kommt!“ Und wie sie hineingehen in den Hochzeitssaal, die Braut und der Bräutigam.

„Ach, daß es heute so wäre!“ sagt der Pastor. Er schildert, wie sich die Voraussagen erfüllen. Wie die Ungerechtigkeit überhandnimmt, Erdbeben sich häufen, die Jugend sich von den Eltern lossagt, ungehorsam und rebellisch, wie das vor fünfzig Jahren noch nicht denkbar gewesen wäre. Wie sich auch die Irrlehren häufen, Massen verführt werden, Menschen auftreten, die sich Christus und Erlöser nennen. Das alles sagte Christus seinem Kommen voraus. Aber auch, daß „der Feigenbaum blüht“; daß Israel wieder zu einem Garten geworden ist, daß seine Kinder von nah und fern zurückgekehrt sind, um das Land der Verheißung zu bebauen, bereit zu machen, für den kommenden Messias. O, wenn er kommen wird, ausgehend wie ein Blitz, leuchtend von einem Horizont zum andern: Wie die Träumenden werden wir sein. Unsere Zunge wird voll Lachens und Rühmens sein. Denn er ist da, der verheißen hat, alles neu zu machen. Vorbei das Verschmachten der Kreatur, die Schmerzen und Krankheiten, vorbei die Qualen der Seele, das Schreien und Klagen, vorbei der Tod und das Stehen an Gräbern, vorbei die Lasten der

Schuld und der Würgegriff des Gewissens. Wenn er da ist, dann werden alle Lande voll Erkenntnis des Herrn sein, „wie Wasser das Land bedeckt". Dann werden wir nichts mehr fragen und alles wissen.

Ich wage kaum zu atmen. Der Friede, der mich erfüllt, ist unbeschreiblich; eine Vorahnung dessen, was sein wird.

Wir essen dann unser festliches Mahl an herrlich geschmückten Tischen. Aber das ist nicht wichtig. Ich kann, ich will nicht sprechen. Ich will nur in mich hineinlauschen und staunen. Ja, der Herr hat mich berührt, er hat mich aus dem Totenreich herausgerufen. Er hat mich geheilt.

Ich hole Markus vom Bahnhof ab. Er wollte ganz allein herkommen. Mein Herz klopft, daß es mir fast den Atem nimmt. Gleich werde ich ihn sehen, ihn hören, seinen Worten lauschen. Darf ich ihn in die Arme nehmen? Oder muß ich mich zurückhalten? Ruhig, ruhig. Laß alles an dich herankommen!

Da kommt er. Er hat seinen Tweedmantel an und eine graue Wollmütze auf dem Kopf. Wir sehen uns an, laufen aufeinander zu. Schon bin ich bei ihm, er schließt die Arme um mich.

„Mutter!" sagt er. Kann es ein schöneres Wort geben?

Wir gehen Hand in Hand, schauen uns von Zeit zu Zeit an, als könnten wir es nicht fassen, wieder beisammen zu sein. „Es kommt mir vor, als ob wir nie getrennt waren", beginnt Markus das Gespräch. „Gerade als ob die vier Jahre nie dagewesen wären." Seine Augen sind klar, durchscheinend. Seine Stimme ist hell, noch ungebrochen. O, wie ich sie wiedererkenne.

Der Tag ist so hell, von innen heraus erleuchtet. Obwohl keine Sonne scheint, liegt ein Glanz über allem.

„Wie lange darfst du bleiben?" frage ich. „Im Haus ist noch ein Zimmer frei, ich habe es für dich reservieren lassen."

„Ich bleibe nur bis zum Abend", erklärt Markus. „Dann möchte ich dich mitnehmen, zu uns. Weißt du, wir feiern mit Großmutter. Wir haben einen schönen Weihnachtsbaum. Du wirst staunen, wie schön er geschmückt ist. Und Geschenke haben wir auch darunter. Alles wie früher. Du kommst doch?"

Ich verberge mein Erschrecken. Ich soll Urs gegenübertreten? Kann ich das? Haßt er mich denn nicht mehr? Wird bei meinem Anblick nicht alles wieder neu aufreißen?

„Will Vati denn das?"

„Ja, ganz bestimmt. Er hat nur Angst, daß du nicht willst."

Angst, Urs? So kann ich ihn mir gar nicht vorstellen. Er muß sich vollkommen geändert haben.

„Wie geht es in der Schule?", lenke ich ab, um Zeit zu gewinnen.

„O, immer gleich. Es geht nicht schlecht. Aber jetzt wird es Zeit, daß wir eine Weile Ferien haben. Die Proben für den ‚Kleinen Prinzen' waren eine richtige Tortur."

„Hast du denn mitgespielt?"

„Ja, bei der Musik. Oboe. Jeden Tag Proben, dann noch die Aufgaben. Das war ganz schön wild. Aber jetzt ist alles überstanden."

Ich lausche seiner frischen Stimme, schaue ihn verstohlen an. Nicht sattsehen kann ich mich.

Wir sind da. Ich führe ihn in mein Zimmer.

„So klein hast du es hier?" Mitleidig schaut er mich an. „Du wirst staunen, wieviel Platz wir haben."

Ich zünde die schlanke Kerze auf dem Weihnachtstisch an. Eine Schale mit selbstgebackenem Konfekt steht dabei, Mandarinen mit Nüssen und das Paket mit der Wollweste. Ein Glück, sie paßt wie angegossen.

Markus bedankt sich mit einem Kuß. Er freut sich, befühlt die Wolle, bestaunt das Muster. „Das hast du für mich gestrickt? Alle Achtung! Ich wußte gar nicht, daß du ..." Er bricht verlegen ab. Ich gieße ihm einen heißen Tee ein, schneide ein Stück vom Christstollen ab. „Du bist sicher hungrig? Bald gibt es Mittagessen. Sie kochen fein hier."

„Großmutter hat eine Lammkeule vorbereitet", sagt mein Sohn, mit vollen Backen kauend. „Etwas Besseres gibt es nicht. Es wird dir schmecken, bestimmt!"

Für ihn ist es also abgemachte Sache, daß ich mit ihm fahre. Ich will meinen Ängsten keinen Raum geben. Nur dasitzen will ich und zuschauen, wie Markus voller Appetit seinen Stollen verschlingt.

Am Nachmittag laufen wir hinauf zum Gehölz; bis dorthin, wo man über das Land sehen kann.

„Hier wohnst du also“, sagt Markus. „Ich habe versucht, mir das vorzustellen. Aber in meinem Kopf sah es ganz anders aus.“

„Du hast dir Gedanken über mich gemacht?“

Ich möchte so gerne wissen, was all die Zeit in dem jungen Gemüt vor sich gegangen ist.

„Sicher“, sagt er. Und dann beginnt er von selbst zu reden. Vielleicht ist es gut, daß er es kann. Atemlos höre ich zu.

„Zuerst war alles wie im Traum. Ich habe es einfach nicht verstanden. Dann zogen wir in eine kleine Wohnung. Papi holte mich immer von der Schule ab. Dann gingen wir irgendwo essen. Vor dem Schlafengehen machten wir noch einen Waldlauf, bis wir todmüde waren und gut schlafen konnten. An den Wochenenden war immer etwas los: Manchmal sind wir mit unserem Wohnmobil gefahren –, du weißt ja, so wie früher. Oder wir waren gemeinsam mit Henkes und ihren Kindern irgendwo. Aber die haben immer so viel Krach gemacht. Ich wollte lieber mit Papi allein sein. Einmal in den Herbstferien sind wir in die Karibik geflogen. Dort sind wir stundenlang im Meer geschwommen. Da waren noch viele Deutsche. Die waren alle nett zu uns. Aber ich wollte immer allein sein und nachdenken.

Papi war krank. Ich hatte Angst, daß er stirbt. Dann hätte ich doch gar niemanden mehr gehabt. Er sagte mir, daß wir dich nicht besuchen dürfen. Du wolltest uns auch gar nicht sehen. Das habe ich ihm aber nie geglaubt. Manchmal war ich richtig böse auf ihn deswegen. In der Schule ging es nicht mehr so gut. Und in der Nacht habe ich immer geträumt, daß alles noch genauso ist wie früher, mit dir und Mirjam und Esther. Wenn ich dann aufgewacht bin, war aber alles ganz anders. Dann wollte ich gar nicht aufstehen. Mit der Zeit habe ich mich daran gewöhnt, daß es nicht mehr so war wie vorher und daß ich sie und dich nicht mehr hatte. Aber jeden Abend habe ich gebetet, daß du wieder gesund wirst und daß es den Schwesterchen bei ihm gut gehen soll. Daß sie bei ihm sind, hat mir die Großmutter gesagt. Das war für mich wichtig, kannst du mir glauben. Und daß sie leben, nur an einem anderen Ort. Das macht einen riesengroßen Unterschied aus.

Dann sind wir zu einer Familie gezogen, die keinen Vater mehr hat. Tante Ulrike hat zwei Kinder, die Sabine und den Stefan. Die streiten sich viel, aber sonst sind sie ganz in Ordnung. Weil jedes ein eigenes Zimmer hat, geht es gut. Mit Stefan möchte ich nicht in einem Zimmer wohnen. Er nimmt dir alle Sachen weg und behauptet glatt, daß sie ihm gehören. Er kennt da gar keinen Unterschied. Er ist zehn und Sabine acht. Dann fand ich in der Schule auch einen guten Freund. Er heißt Holger. Mit ihm hab ich dann über alles sprechen können, auch wegen dir und so. Seine Mutter ist sehr lieb und hat mich oft geküßt. Als ob ich ihr eigenes Kind wäre. Manchmal durfte ich auch dort essen oder sogar schlafen. Wenn es Papi nicht zu traurig machte, bin ich mit der Familie auch ins Wochenende gefahren.

Jetzt war alles schon viel besser. Aber ich habe immer noch gebetet, daß ich dich wiederhabe. Nur, daß Papi nichts davon wissen wollte. Ein paarmal wollte er wieder heiraten. Er sagte, es wäre besser für uns. Ich könnte dann auch wieder richtige Geschwister bekommen. Aber ich fand das nicht gut. Die ‚Tanten', die mir Papi zeigte, waren unheimlich nett zu mir. Sie schenkten mir viel Spielzeug und so, aber ich konnte sie nicht leiden. Immer mußte ich an dich denken und daß du vielleicht Sehnsucht nach mir hast. Aber Papi wollte nicht, daß ich weiß, wo du bist. Einmal wurde ich krank deswegen, weil ich doch immer darüber nachgedacht habe. Da hat mir der Kopf wehgetan, immer mehr, bis ich es nicht mehr aushalten konnte. Das war in diesem Herbst. Er hatte mir gesagt, daß er zu Weihnachten die Christel heiraten will. Die konnte ich aber nicht leiden. Ich habe sie ganz schön geärgert, weil ich nicht mit ihr gesprochen habe. Da hat sie gesagt, ich käme in ein Kinderheim. Sie wüßte eins, wo ich es gut hätte. Danach bin ich krank geworden. Ich mußte in das Krankenhaus und hatte hohes Fieber. Sie sagten, daß ich immer nach dir gerufen habe. Aber das weiß ich nicht mehr. Dann ist der Vater gekommen und hat mir versprochen, daß ich dich Weihnachten besuchen darf. Da bin ich ganz schnell wieder gesund geworden. Mit der Christel war es dann auch nichts mehr. Weil sie das mit dem Kinderheim vorgeschlagen hatte. Und jetzt bin ich da und so froh, daß du wie früher bist und ganz gesund, ja? Wir sind am Heiligabend zur Großmutter in das Pfarrhaus gegangen und bleiben da bis Neujahr.

Jetzt weißt du das Geheimnis, ich wollte es dir erst nicht sagen. Darum habe ich ja auch gesagt, daß viel Platz da ist, wo wir jetzt sind. Ich habe auch dein Zimmer gesehen, wo du als Mädchen gewohnt hast. Und alle deine Bücher und Puppen und so sind noch da. Du darfst wieder dort schlafen, sagt Großmama. Und wenn du mich fragst: Ich möchte am liebsten immer dort wohnen. Nur geht das wegen der Schule nicht so gut. Und wenn ich die Schule wechsle, verliere ich Holger. Das möchte ich nicht. Er ist wirklich ein prima Kerl. Aber Papi sagt, daß wir vielleicht ‚auswandern', nicht nach Übersee, nur in die Schweiz. Er hat dort eine gute Stellung in Aussicht. Er meint, es wäre gut, wenn wir an einen ganz neuen Ort ziehen würden, auch wegen dir und so. Aber wir gehen natürlich nur, wenn du mit uns kommst."

Markus schaut mich an. Er hat zartrote Wangen von der Kälte. Seine Augen glänzen. Die Erzählung hat mich zutiefst betroffen gemacht. Was ist alles in diesem Kinderherzen vorgegangen, an Fragen, Zweifeln, Einsamkeiten und Kämpfen! Meinetwegen!

Ich darf jetzt nicht weinen. Das täte ihm weh. Er soll meinetwegen nie mehr traurig sein, mein Sohn. Was in meiner Macht steht, will ich tun, um ihn froh zu machen. Ich darf ihn nicht enttäuschen und seine Bitte nicht ausschlagen.

„Wir müssen zurück, wenn wir den Nachmittagszug noch erreichen wollen", sage ich. Er jauchzt auf, küßt mich. Ganz wie früher. Hand in Hand laufen wir den Hang hinunter.

„Hilfst du mir packen? Ein paar Tage werde ich wohl bleiben."

Ich packe meine Sachen. Markus hilft mir eifrig dabei.

„Vielleicht solltest du noch diese Wolljacke mitnehmen? Hast du keine wärmeren Stiefel? Wir haben ordentlich Schnee. Und vielleicht ein Kopftuch, wenn wir mal einen Fußmarsch machen?"

Markus hat es gelernt zuzupacken, praktisch zu überlegen. Sicher mußte er viel im Haushalt mithelfen. Aber das hat ihm nicht geschadet.

Während des Vieruhrtees, kurz vor unserer Abreise, winkt mich Ruth in den Korridor hinaus.

Ihr Gesicht ist traurig, voller Sorgen. „Du willst wirklich fahren, Gisela? Ich bitte dich: Tu es nicht! Ich kann mir nicht denken, daß dein Mann sich so sehr geändert hat. Zuerst wird vielleicht alles gutgehen. Aber bald wird er wieder anfangen, dich zu bevormunden. Es ist einfach seine Art. Er kann gar nicht anders. Wie oft haben wir es zusammen versucht, mein Mann und ich. Er konnte einfach niemandem eine Entscheidung überlassen. Hätten wir Kinder gehabt, wären sie unselbständige Wesen geworden."

Ich lächle. „Diesmal habe ich keine Angst, Ruth. Ich werde auch nichts überstürzen. Aber hättest du Markus gesehen, wie er sich darüber gefreut hat, daß ich mit ihm fahre, du hättest auch nicht widerstehen können. Mach dir keine Sorgen! Urs und ich werden alles gründlich miteinander besprechen, bevor wir neue, wichtige Entscheidungen treffen. Und dann vergiß nicht: Mein Leben war verwirkt. Urs ist es, der ein Opfer bringt; er ist es, der verzeihen muß. Verglichen mit dem, was ich getan habe, sind seine Fehler nur verschwindend klein. Ich weiß einfach, daß ich diese Gelegenheit nutzen muß. Daß sie eine Chance und ein Geschenk ist. Wie schön, jetzt zusammen mit Markus heimzukommen; dahin, wo ich hergekommen bin: in mein Elternhaus."

Krähen schwirren über die verschneiten Felder, als wir zum Bahnhof laufen. Ein Lied, das sie an diesem Morgen gesungen haben, geht mir durch den Kopf:

Heute geht aus seiner Kammer,
Gottes Held, der die Welt,
reißt aus allem Jammer.
Gott wird Mensch, dir Mensch zugute,
Gottes Kind, das verbindt
sich mit unserm Blute.

Durch das Dunkel leuchten die Fenster des alten Pfarrhauses. Im Wohnzimmer ist der warme, dunkelgoldene Schein des Weihnachtsbaumes. Dort sitzen sie und warten auf uns. Wir haben unsere Ankunft gemeldet. Markus wollte nicht, daß uns jemand abholt. Er wollte mit mir allein ankommen.

Mutter öffnet uns. Sie sieht sehr alt und müde aus, seit ich sie zum letzten Mal sah, und das doch erst vor wenigen Wochen. Wir küssen uns. In ihren Augen sehe ich die Freude. Vieles hat dieses Mutterherz ertragen müssen. Nach menschlichem Ermessen zu viel, um es tragen zu können. Warum nur habe ich daran nie gedacht?

Urs steht in der offenen Tür. Mir ist, als hörte die Erde auf, sich zu drehen, als würde sie sich in entgegengesetzter Richtung bewegen, als würde sie für einen Augenblick stillstehen. Was ist alles geschehen, seit wir uns zum letztenmal gesehen haben! Ich kann nicht denken, nicht fühlen. Ich weiß nicht, welches Wort hier am Platz wäre. So schweige ich und fühle nur den Druck seiner festen, warmen Hand.

Im Wohnzimmer brennen die Kerzen am Lichterbaum. Darunter liegen viele Geschenke, fein verpackt. Ich komme mit beinahe leeren Händen. Für Urs ist nichts dabei. Wir setzen uns an den gedeckten Tisch im Eßzimmer. Mir ist so seltsam zumute. Als würden viele Jahre ins Nichts versinken, als wäre ich wieder jung, wie damals.

Und dann sehe ich Vaters Platz – leer. Wir haben einander nicht mehr gesehen. Er starb eine Woche später. Das Herzversagen kam nicht unvorbereitet. Schon im Jahr vorher hatte er öfter Schmerzen auf der linken Seite gehabt. Er litt unter der Krankheit seiner Tochter. Noch mehr litt er darunter, sie nicht sehen und besuchen zu dürfen. Auch die Enkel wurden von ihm ferngehalten, die er doch so sehr liebte. Urs machte die Eltern dafür verantwortlich, daß die Tochter gemütskrank war. Falsche Erziehung: lebensfremd, frömmlerisch, duckmäuserisch. Ich fühle, wie sich alles in mir zusammenzieht, wie der dumpfe Groll wieder aufsteigen will, der Trotz und die Ohnmacht jener Zeit in mir wieder wach werden. Wie von weit her dringt Markus' Stimme an mein Ohr:

„Nimm dir doch, Mutter. Du wirst sehen, wie gut es schmeckt!"

Ich bin wieder da. Die angstvollen Augen meiner Mutter dringen mir ins Herz. Ich versuche zu lächeln. Sie hat ja einen so schweren Verlust erlitten. Sie und Vater waren so sehr miteinander verbunden, wie man es selten erlebt. Ich muß ihr beistehen.

Das Mahl ist festlich. Die Kerzen brennen. Markus plaudert unbefangen. Die Stille dazwischen ist friedlich, ohne Pein. Verstohlen betrachte ich Urs' Gesicht. Er ist äußerlich fast unverändert. Und doch kommt es mir vor, als hätte ich ihn eben erst kennengelernt, als würde ich ihn zum ersten Mal sehen.

Hier in diesem Zimmer haben wir unsere Verlobung gefeiert. Alle waren da: der Vater, die Brüder. Ich erinnere mich an mein Kleid; das schönste, das ich jemals besessen habe. Urs war voller Glück und Zärtlichkeit. Er konnte es kaum fassen, daß er seinem Ziel nun so nahe gekommen war. Ich fühlte mich als gefeierter Mittelpunkt. Wie habe ich das genossen! War ich nicht recht oberflächlich – damals?

Die Brüder ... Ich habe nie mehr etwas von ihnen gehört. Es sei ihnen „peinlich", das mit der Schwester, hat mir Tante Olga geschrieben. Wieder fährt das Messer durch mein Herz. Aber darf ich mich darüber wundern? Sie haben gute Positionen, können sich keine dunklen Punkte leisten. Kein Wunder, daß sie nichts mehr von mir sehen und hören wollen. Die Sache muß möglichst totgeschwiegen werden.

Ich gebe mir einen Ruck. Habe ich mich mit diesem Besuch

doch überfordert? Es will kein Gespräch aufkommen. Jedes Wort wird sorgfältig bedacht: Kann es nicht vielleicht an Vergangenes rühren, verletzen? Urs hat rote Flecken auf den Wangen. Sie sind bei ihm immer ein Zeichen, daß er aufgeregt ist. Ich muß etwas finden, das die Spannung entschärft. Wie liebevoll hat die Mutter alles zubereitet. Wie schön sehen die Kerzen mit den Vogelbeerzweigen aus.

„Weißt du noch, Mutter“, sage ich, „wie wir uns jedes Jahr eine neue Tischdekoration ausgedacht haben? Und immer war einer von uns abwechselnd dafür verantwortlich. Einmal waren es Goldfolie mit Bienenwachskerzen, ein andermal rosa Rosen in Biedermeierkörbchen mit den dazu passenden Kerzen.“

Markus strahlt mich dankbar an. „Diesmal habe ich dekoriert“, sagt er stolz. „Dabei wußte ich nicht einmal, ob du kommen würdest. Aber ich habe fest damit gerechnet und alles so schön gemacht, wie ich es nur konnte. Gefällt es dir?“

Ich muß ihn küssen.

„An unserer Verlobung vor ... genau fünfzehn Jahren“, fällt jetzt Urs ein, „waren es lila Flieder und altrosa Kerzen. Erinnerst du dich, Gisela? Ich glaubte, nie etwas Schöneres gesehen zu haben.“

Wir sehen einander an. Merkwürdig – so, wie sich Menschen ansehen, die sich zum ersten Mal begegnen: ohne Vorurteil. Das überrascht mich. Mutter füllt die Platten neu. Ihr Gesicht ist entspannt. Freude glänzt in den gütigen Augen.

„Einmal habe ich einen festlichen Tisch gesehen, der alles andere übertraf“, erzählte sie nun. „Vater und ich waren zum ersten Mal in Israel. In Jerusalem, in einem Hotel der neuen Stadt, wurde Sabbat gefeiert. Ihr hättet sehen sollen, wie da die Tische gedeckt waren; geschmückt mit dem kostbarsten Silber, goldenen Leuchtern, Blumen. Und welch feierliche Stille da im ganzen Saal herrschte. Eine richtige Weihe.“

Mutter beginnt zu erzählen. Der Bann ist gebrochen. Markus hat heiße Wangen. Ob er Fieber hat? Nein, es ist die Freude. Immer wieder suchen mich seine Augen. Ist dies nicht mein schönstes Weihnachtsfest überhaupt?

Ich lag in tiefster Todesnacht,
du wurdest meine Sonne,
die Sonne, die mir zugebracht
Licht, Leben, Freud und Wonne.
O Sonne, die das werte Licht
des Glaubens in mir zugericht,
wie schön sind deine Strahlen.

Es ist spät, als ich mit Urs in die Nacht hinaustrete. Es will mir bange werden, aber die Zuversicht ist stärker.

Wir gehen den Hügel hinauf, der hinter dem Haus auf die Höhe führt. Dort steht eine riesige Tanne, mit Lichtern geschmückt. Seit meiner Kindheit ist es immer dieselbe. In der Nacht, in der wir uns verlobten, sind wir auch hinaufgestiegen. Waren das wir zwei? Oder sind Urs und ich durch alles, was seitdem geschehen ist, völlig andere Menschen geworden?

Ich wundere mich, daß ich da bin, daß ich atme und lebe, daß kein Schmerz das Herz zerreißt, keine Dumpfheit den Blick vernebelt, keine Verzweiflung mir den Atem abwürgt. Da gehe ich, sehe die Lichter des Dorfes, den schwachen Schimmer der Schneedecke, die von innen heraus zu leuchten scheint und warte darauf, was Urs mir zu sagen hat. Er schweigt lange. Sicher überlegt er die Worte sorgfältig, um nichts zu verderben.

„Ich habe immer nur dich geliebt, Gisela", sagt er jetzt zu meiner Verblüffung. Ich habe erwartet, daß er Worte der Großmut ausspricht, des Verzeihens und Vergessens.

„Auch wenn ich andere Frauen in den Armen hielt, meinte ich dich. Ich sage das nicht, um dich zu beschwatzen, es ist die Wahrheit. So ist es mir auch nicht schwergefallen, meine letzte Freundin zu verabschieden. Markus verlangte es von mir, und ich war im Grunde erleichtert. Ich glaube, daß ich diese Verbindung sehr bald bereut hätte. Aber dann wäre ein Zurück nicht mehr möglich gewesen. Nein, ich weiß heute ganz sicher, daß wir zusammengehören. Was gewesen ist, soll vergessen sein, ganz und gar. Oder möchtest du, daß wir über alles reden, nichts verschweigen? Was ich falsch gemacht habe, weiß ich heute sehr gut. Ich habe dein Vertrauen mißbraucht, ich habe dich gedemütigt, deine Lebensfreude abgewürgt, dich bekrittelt und an allem genörgelt. Nein, unterbrich mich nicht. Ich muß das alles einmal sagen. Aber etwas anderes ist geschehen, ohne das ich nie gewagt hätte, dich zu bitten, wieder nach Hause zu kommen.

Weißt du, ich habe wieder angefangen zu beten. Und zwar in der Nacht, als ich dachte, Markus würde sterben. Da ist mir mein ganzes Leben durch den Kopf gegangen: unser guter Start, die glücklichen ersten Jahre, der Dritte im Bunde. Dann lief wie ein Film, gestochen scharf vor meinen Augen ab, was nachher kam: Wie mir der Erfolg im Beruf immer mehr bedeutete, wie die Hauptsache zur Nebensache und schließlich zum lästigen Mahner wurde, den ich mit allen Mitteln zum Schweigen bringen wollte. Meine Untreue, erst nur in Gedanken, nachher auch in der Tat, verhärtete mein Herz mehr und mehr. So wich der gute Geist aus unserem Hause. So lange du noch beten konntest, waren wir beschützt. Als ich dir auch das nahm, begann das große Unheil. Ein Haus steht nie leer; immer versuchen Mächte, es in Besitz zu nehmen. So kam, wozu es nie hätte kommen müssen. Ja, wenn der Herr nicht das Haus behütet, so wachen die Wächter umsonst. Als ich in jener Nacht alles begriff, konnte ich nur um Erbarmen schreien. Und ich wurde gehört.

Unfaßbar, aber es ist so. Darum – auch wenn du nicht mehr zu uns zurückkommen willst, werde ich nicht mehr so wie früher leben. Jesus ist wieder zum Mittelpunkt meines Lebens geworden."

Wir haben die Anhöhe erreicht. Die Lichter des Dorfes flimmern in der klaren Luft. Ein Windhauch streicht um unsere Stirnen. Wir haben einander an der Hand gefaßt. Es bedarf keiner Worte mehr. Wir wissen jetzt, daß wir zusammengehören, für immer.

Es ist wunderbar, daß Gott selbst aus dem Schlimmsten noch etwas Gutes machen kann.

Friede erfüllt mich wie ein Strom. Darf ich mein zerstörtes, armseliges, schuldbeladenes Leben noch einmal von vorn beginnen? Meinte der Vater im Himmel das, als er meine vielen Versuche zu sterben, mißlingen ließ? Ich wage kaum zu atmen.

Zu Hause erwartet uns Markus. Gespannt forscht er in unseren Gesichtern. Dann versteht er und wirft sich in unsere Arme. Mutter sagte, er habe all die Jahre nie gelacht. Sein Wunsch ist in Erfüllung gegangen. Er hat sie beide wieder: Vater und Mutter.

*

Ich stehe am Herd in der großen Wohnküche. Von meinem Fenster aus sehe ich auf eine lange Allee mit mächtigen Ahornbäumen. Wir haben ein altes Haus außerhalb des Dorfes gefunden. Es ist nicht komfortabel, aber gemütlich. Urs wurde diese neue Stelle in der Schweiz von einem Freund angeboten. Alles ging ganz schnell.

Unsere zweite Hochzeit haben wir noch in der alten Kapelle unseres Vaters gefeiert. Sein Freund Herbert hat die Traurede gehalten. Er war bewegt und sagte immer wieder, wie sehr sich Vater über diesen Tag gefreut hätte. Es gab auch Getuschel und neugierige Blicke, aber wir achteten nicht darauf.

Ich habe den Braten in den Ofen geschoben. Es riecht würzig. Ich werde die Platte mit Petersilie und Tomatenscheiben garnieren. Es bereitet mir tatsächlich Freude, alles schön anzurichten. Freude – welche Himmelsgabe, ich habe sie wieder.

Bald wird Markus hereinpoltern, seine Mappe in die Ecke werfen und in die Küche stürmen. Er hat mächtigen Hunger, denn er wächst jetzt sehr schnell.

Urs hat einen weiten Arbeitsweg. Morgens fährt er schon sehr früh weg, und abends ist er erst spät wieder da. Dafür wird dann das gemeinsame Essen ein richtiges Fest. Wir besprechen gemeinsam den Tag. Markus erzählt von der Schule, Urs von seinen Kunden. Von mir gibt es nicht viel zu sagen, aber ich habe gelernt, wieder das Große im Kleinen zu sehen.

In Tobelriedt ist eine Strafanstalt. Man hat mir die Erlaubnis gegeben, bei den Gefangenen Traktate zu verteilen. Einmal bin ich aufgefordert worden, einen kleinen Vortrag zu halten. Ich habe Angst gehabt, aber alles ging gut. Nun habe ich bereits zwei Schützlinge: Rosetta und Michael. Ich notiere mir ihre kleinen Wünsche und versuche dann, diese Wünsche zu erfüllen. Jeden Dienstag ist Besuchszeit. Ich stricke viel für die Gefangenen, und – es macht mir Freude.

Michael hat eine Bank überfallen und Rosetta Hehlerei betrieben. Sie ist mir gegenüber voller Mißtrauen und Reserve. Aber sie spürt die Anteilnahme und wird allmählich zugänglicher. Liebe ist das, was sie immer entbehrt hat, erklärt sie. Darum sei sie auf die schiefe Bahn geraten. Morgen werde ich wieder hingehen. An diesem Abend muß ich noch die grauen Socken fertigstricken. Michael will sie mit roten Streifen. Mein Tag ist jetzt voll ausgefüllt. Er sollte noch mehr Stunden haben. Markus bringt immer Freunde mit. Selten sitzen wir allein am Tisch. Eine aktive, lebendige Gemeinde haben wir auch gefunden. Urs singt im Chor mit.

Ein Brief von Tante Ulrike. Sie liegt im Sterben. Krebs, zu spät erkannt. Sie selbst hat „Ja“ dazu gesagt. Jetzt muß nur noch ein guter Platz für die Kinder gefunden werden: die achtjährige Sabine und den zehnjährigen Stefan. Damit sie in Ruhe sterben kann.

Ich stehe lange am Fenster, den Brief in der Hand. Wäre es möglich, daß wir wieder zu fünft sind, daß Markus wieder Geschwister bekommt? Wie gut war es für ihn, daß er diese Familie in der schlimmsten Zeit seines jungen Lebens hatte. Jetzt dürfen wir nicht zurückstehen.

Was mich betrifft, ist es gar keine Frage: Die Kinder kommen zu uns. Und sie sollen es schön haben. Urs sagt dasselbe. Ob es mir wirklich nicht zu viel wird? Er könnte mir eine Putzfrau suchen, die auch die Wäsche versorgt. Das ist auch neu an Urs. Es macht ihm nichts mehr aus, Fremde im Haus zu haben.

Tante Ulrike lebt noch zwei Monate. Dann fahren wir hin

und holen die Kinder. Sie sind verweint, aber fassen bald Mut. Die letzten Wochen waren schwer für sie. Ein Glück, daß wir für sie keine Fremden sind. Die Geschwister wohnen im Gästezimmer neben der Stube. Sie dürfen es sich nach ihrem Geschmack einrichten.

Nun sind es wieder drei Kinder, die ich sorgfältig zudecken, denen ich einen Gutenachtkuß geben kann. Die Kleine ist zutraulich und zieht meinen Kopf zu sich herunter. Wie will ich immer zärtlich zu ihr sein. Sie soll nicht lange um ihre Mutter trauern müssen. Stefan ist still und zurückhaltend. Markus gelingt es noch am besten, ihn aus seiner Reserve zu locken. Seine Eisenbahn hat es ihm angetan. Er darf sie jederzeit benutzen.

Die Fenster des Kinderzimmers sind bald mit bunten Zeichnungen geschmückt. Wenn ich Sabine anschaue, denke ich manchmal, meine Esther zu sehen. Dann spüre ich den alten Schmerz sekundenlang in meiner Seele. Aber es gibt so viel zu tun, um die Kinder glücklich zu machen, daß ich mich rasch davon befreie. Vorwärtsschauen, heißt die Devise, und „dem Heute leben“.

Ein Wintertag: Ich gehe die lange Allee entlang zur Strafanstalt. Sie liegt versteckt hinter dem Wald und ist durch eine hohe Mauer geschützt. Der Pförtner hat mich schon erwartet. Er kennt mich. Ich soll eine Adventsstunde halten. Der Pfarrer des Ortes hat mich dazu ermuntert. Mein Herz klopft. Habe ich überhaupt das Recht, zu ihnen zu sprechen?

Im dämmrigen Saal steht ein Tisch mit einem weißen Tuch. Ein Leuchter mit vier Kerzen steht darauf. Zwei davon brennen. Wir haben den zweiten Advent. Langsam füllen sich die Stuhlreihen. Die Männer tragen Anstaltskleidung.

Zuerst singen wir: Macht hoch die Tür, die Tor macht weit, es kommt der Herr der Herrlichkeit.

So gut es geht, begleite ich auf dem verstimmten Klavier. Der Gesang ist dünn. Nur eine helle kräftige Männerstimme ist über dem zaghaften Gesinge der anderen zu hören.

Ich habe mein Manuskript vor mir liegen. Aber dann brauche ich doch nicht mehr hineinzusehen. Die Worte kommen mir wie von selbst von den Lippen. Ist es doch ein Thema, das mich persönlich angeht.

„Es kommt der große Tag des Herrn“, beginne ich. Und dann: „Im Himmel wird Buch geführt über unsere Schuld in Gedanken, Worten und Werken. Das ist eine ernste Sache, denn am Tag des Gerichtes werden wir danach gerichtet, was in den Büchern steht. Wer ein ungelöschtes Schuldkonto hat, der geht verloren, so steht es in der Bibel. Gibt es demnach keinen Weg, um diesem Gericht zu entgehen? Doch, Gott sei es gedankt! Der Apostel Paulus spricht davon, daß Gott jedem Menschen den Glauben anbietet. Gott bietet uns das Heil an. Wir haben nichts zu tun, als es anzunehmen. Wie leicht wird uns das doch gemacht. Jesus hat die ganze Last auf sich genommen. Wenn wir sehen, wie er in Gethsemane angstvoll in die Nacht ruft: ‚Mein Vater, ist es möglich, so gehe dieser Kelch an mir vorüber‘, dann ahnen wir etwas davon, wie schwer ihm die Erlösungstat für uns wurde. Und wenn wir seinen Ruf am Kreuz hören: ‚Mein Gott, mein Gott, warum hast du mich verlassen?‘, dann merken wir, was es für Jesus bedeutete, sich von seinem Vater ‚verlassen‘ zu fühlen. Wie furchtbar war das für ihn, wie namenlos schwer.

Aber er hat sich hindurchgeglaubt, hindurchgebetet bis der Sieg errungen war und er beten konnte: ‚Es ist vollbracht!‘ Doch eben darum ist es für uns so leicht, zum Glauben und zum Frieden zu kommen, weil Jesus die ganze Schwere des Opfers auf sich genommen hat. Weil er den hohen Preis zu unserer Rettung bezahlt hat. Sie wird uns angeboten, frei und umsonst. Wir dürfen so vor Gott kommen, wie wir sind. Wir müssen nicht erst gute Vorsätze fassen, Gelübde ablegen. Wir dürfen einfach annehmen, was uns angeboten wird. Da sagt vielleicht einer: ‚Ja, aber für mich gilt das ganz bestimmt nicht. Ich habe zu schwere Sünden begangen.‘

Jedem, der so etwas denkt, möchte ich zurufen: ‚Niemand von euch hat schwerere Schuld auf sich geladen als ich.‘ Paulus hat gerade für solche Sünder gesagt: Wer du auch bist, was immer du getan hast: Gott bietet dir sein volles Heil an.

Es ist vollbracht. Bezahlt und erkauft mit dem teuren Blut Christi. Nichts fehlt mehr daran. Gott hat alles getan, was getan werden konnte. Es fehlt nur noch eins: daß du dieses Geschenk annimmst. Christi Blut macht auch meinen Schaden gut, denn Christus starb auch für mich. Verlorengehen oder Seligwerden hängt also allein davon ab, ob wir ‚Ja' sagen oder nicht. Jesus sagt in Johannes 5:

Wahrlich, wahrlich ich sage euch, so jemand mein Wort hört und glaubt dem, der mich gesandt hat, der kommt nicht in das Gericht, sondern er ist vom Tode zum Leben hindurchgegangen. Ich glaube, das ist Grund genug, fröhlich zu sein und zu bleiben."

Die Männer bedanken sich. Sie kennen meine Geschichte. Darum können sie diese Botschaft auch annehmen. Sie wissen: Hier hat eine aus tiefster Nacht zum Licht gefunden.

Aber plötzlich spuckt einer vor mir aus. Seine Augen sind voller Empörung. „So eine will fromme Sprüche machen", schreit er. „An Ihrer Stelle würde ich meinen Mund halten und nicht mehr unter die Leute gehen. Ich sitze im Knast, ja. Aber es war ein ehrlicher Bankraub. Kein Mensch kam dadurch zu Schaden. Gehen Sie, und lassen Sie sich nie mehr blicken."

Blutübergossen stehe ich da. Er hat ja recht. Was maße ich mir an? Es gibt nichts dazu zu sagen. Wenn ich nur im Erdboden versinken könnte. Aber jetzt nimmt einer Partei.

„Halt dein Maul!", schreit er. „Deswegen stimmt doch alles, was sie gesagt hat. Gerade sie kann es sagen. Sie kommen doch wieder, Gisela? Wir brauchen Sie. Sie machen uns Mut durchzuhalten. Sie haben ja auch nicht aufgegeben, stimmts?"

Der große, grobschlächtige Kerl schaut mich bittend an: „Vergessen Sie, was der da gesagt hat. Kommen Sie bald wieder."

Ein Sommerabend. Der Himmel ist noch hell, der Horizont glutrot von der untergehenden Sonne. Ich sitze hinter dem Haus, von wo aus der Kranz der Berge zu sehen ist. Es ist feierlich still. Von der Nachbarwiese ertönt das Geläute der Kuhglocken. Ein Hund bellt. Die wehmütigen Weisen eines Volksliedes werden auf einer Handharmonika gespielt. Die Kinder tummeln sich vor dem Haus. Es sind wieder drei. Sabine sagt „Mutter" zu mir. Sie ist sehr anhänglich. Mitten im Spiel kommt sie angesprungen, um zu sehen, ob ich noch da bin. Sie weiß nicht mehr, daß ihre Mutter an einer grausamen Krankheit gestorben ist. Stefan spricht noch dann und wann von ihr. Aber er ist getröstet. Ihm gefällt es hier. Auf seine Weise zeigt er mir seine Zuneigung. Manchmal bemalt er einen Stein und legt ihn neben meinen Teller. Oder er sagt: „Du hast ein schönes Kleid, Tante Gisela." Das macht mich froh und dankbar. Sie gedeihen, diese beiden Kinder, und Markus ist wieder ein glücklicher Junge. Er hat das Lachen wieder gelernt.

Ich sitze hier, und mein Herz will zerspringen vor Dankbarkeit. Wie gütig ist der allmächtige Vater. Wie hat er mein Geschick gewendet. Im Spätherbst des vergangenen Jahres noch saß ich hinter dem Haus unseres früheren Wohnortes. Glühend wünschte ich mir damals, die Jahre würden versinken und alles wäre noch einmal so wie früher. Damals dachte ich, daß es kein Erbarmen, keine Barmherzigkeit für mich gibt. Ich hatte mein Leben und das meiner Familie endgültig und unwiderruflich zerstört. Nie, nie mehr konnte es gutgemacht werden.

Und heute sitze ich hier. Die Sonne geht nach einem erfüllten Tag unter. Der Frieden des Feierabends umfängt mich. Wunderbar sind die Berge anzuschauen, rosa überglänzt vom Licht der scheidenden Sonne. Tausend Mücken spielen tanzend in der warmen Luft. Das fröhliche Geschrei der Kinder dringt wie Musik an mein Ohr. Ja, es sind nicht Mirjam und Esther. Es sind Stefan und Sabine, die glücklich sind. Und ihnen darf ich die Mutter ersetzen.

An einem solchen Abend fällt es mir leicht, an die kommende Welt Gottes zu denken, die uns verheißen ist. Wo Löwe und Ochse friedlich beisammen liegen werden, wo die Otter nicht mehr sticht, wo Schwarze und Weiße in Eintracht leben, wo es keinen Neid, Haß und Streit mehr geben wird, wo wir unsere vorangegangenen Lieben, wo wir Jesus sehen werden.

Jetzt kommt Urs, spät wie immer. Ich stehe auf. Der Tisch ist im Wohnzimmer gedeckt. Durch die offenen Fenster schaut der verlöschende Abendhimmel herein. Ein Stern, hell glänzend, steht über dem Dach des Nachbarhauses.

Lärmend stürmen die Kinder herein. Sie sind heißhungrig und kaum zu bändigen vor Lebensfreude. Urs schaut mich an. Es ist der Blick des Einverständnisses und der Vertrautheit. Wie gut er aussieht, mein Mann. Etwas müde, scheint mir. Er soll sich nachher nur gleich hinlegen. Oder vielleicht tut ihm ein erfrischendes Bad gut? Ein Glück, ich habe sein Lieblingsessen gekocht: Reis mit Pilzen und Früchten. Das wird ihn aufmuntern.

Ich freue mich auf unseren Gang über die Felder. Es gibt hier einen wunderschönen Weg rund um einen Teich. Die Frösche quaken, und der Mond spiegelt sich im Wasser. Er erinnert mich an den Teich in meinem Dorf. Wie oft sind wir um ihn herumgegangen, meine Freundin Jutta und ich. Wir konnten nicht zu Ende kommen mit allem, was wir auf dem Herzen hatten. Träume, Zukunftspläne, die unerfüllten Wünsche junger Mädchen, die Sehnsucht nach anderen Horizonten, junge Liebe, Erfahrungen mit Menschen, die unseren Weg kreuzten, Bücher, die uns beschäftigten.

Wenn ich jetzt mit Urs um den Teich gehe, Hand in Hand, bedarf es nicht vieler Worte. Wir sind froh, zusammen zu sein. Friede erfüllt unsere Herzen, das Vergangene quält nicht mehr, die Schuld ist getilgt, die Zukunft ängstigt uns nicht. Sie liegt in der Hand dessen, der uns mehr liebt, als ein Vater es kann.

„Wir werden nicht mehr lange hierbleiben, Gisela", sagt Urs, als die Kinder schlafend in ihren Betten liegen. „Ich habe aus dem Süden Argentiniens eine Anfrage erhalten, von Jürg, weißt du. Er sucht einen Mitarbeiter für sein Kinderhilfswerk. Die Arbeit wächst ihm über den Kopf. Es gibt so viele elternlose Kinder, die versorgt werden müssen. Was hältst du davon, Gisela? Wir könnten schon in diesem Herbst ausreisen, sobald die Papiere in Ordnung sind. Dort wird es viel Arbeit geben, und wir werden nicht viel verdienen. Aber wir können mithelfen, Kinder froh zu machen. Bist du dabei?"

Lange liege ich wach. Ich denke an das ferne Land, wo jetzt Winter ist. Es wird eine große Umstellung sein für unsere Kinder. Wir müssen eine andere Sprache lernen, uns an andere Lebensumstände gewöhnen. Ein ganz neuer Horizont. Es will mir bange werden. Werde ich es gut machen?

Aber dann weiß ich, daß es unser Weg ist. „Einverstanden!" Ich fasse nach seiner Hand und weiß gewiß, daß Gottes Wege immer gut sind.

Paperbacks aus dem Brunnen-Verlag

12034 Jay E. Adams
Befreiende Seelsorge
Theorie und Praxis einer biblischen Lebensberatung
256 Seiten. 7. Auflage

12077 Erich Schick
Vom Segen
64 Seiten. 14. Auflage

12128 H. und G. Taylor
Hudson Taylor
Ein Mann, der Gott vertraute
336 Seiten. 5. Auflage

12204 Werner Stoy
Mut für Morgen
Christen im Westen vor der Verfolgung
160 Seiten. 3. Auflage

12212 Hans-Jürgen Twisselmann
Vom Zeugen Jehovas zum Zeugen Jesu Christi
140 Seiten. 8. Auflage

12214 Paulus Scharpff
Geschichte der Evangelisation
432 Seiten. 2. Auflage

12233 C.S. Lewis
Wunder: möglich – wahrscheinlich – undenkbar?
212 Seiten

12235 Erich Schick
Heiliges Schweigen
60 Seiten. 4. Auflage

12249 Irmela Hofmann
Ermutigung zur Nachfolge
Grundkurs für biblische Seelsorge
100 Seiten. 2. Auflage

12266 Walter Wanner
Mach mehr aus Dir
Schritte zur Erweiterung und Vertiefung der Persönlichkeit – Wege zur Ganzheit
160 Seiten. 2. Auflage

12268 C.S. Lewis
Gott auf der Anklagebank
128 Seiten

12276 Hans-Friedrich Lenz
Sagen Sie, Herr Pfarrer, wie kommen Sie zur SS?
168 Seiten. 2. Auflage

12278 Erich Schick
Der Christ im Leiden
216 Seiten. 5. Auflage

12290 C.S. Lewis
Streng demokratisch zur Hölle
132 Seiten

12305 Johan Bouman
Um Gottes Willen Frieden
Atom-Friede oder Das Ende einer Illusion
100 Seiten. 2. Auflage

12306 Max Sinclair
Den Himmel vor Augen
Nach einem Autounfall ist Max Sinclair querschnittsgelähmt. Er berichtet
176 Seiten

12310 Charles de Foucauld
Wasser aus der Wüste
Zusammengestellt und herausgegeben von Reinhard Frische
112 Seiten

12320 Max König
Mit Liebe erziehen – Zur Freude helfen
200 Seiten. 2. Auflage

12321 Peter Kreeft
Zwischen Himmel und Hölle
John F. Kennedy, C.S. Lewis und Aldous Huxley im Gespräch irgendwo nach ihrem Tod
120 Seiten

12324 Jay E. Adams
Grundlagen biblischer Lebensberatung
Beiträge zu einer Theologie der Seelsorge
336 Seiten

12344 Walter Wanner
Willst du gesund werden?
Hilfe und Heilung in der seelsorgerischen Therapie – Beispiele aus der Praxis Jesu
128 Seiten

12354 Christiane Gratenau
Von Rudolf Steiner zu Jesus Christus
Meine Auseinandersetzung mit der Anthroposophie
112 Seiten. 5. Auflage

12355 Hans-Jürgen Twisselmann
Die Wahrheit, die frei macht
„Jehovas Zeugen": Anfragen – Antworten – Alternativen
160 Seiten

12356 Lyle W. Dorsett
Eine andere Art von Hunger
Joy Davidman – ihr Leben und ihre Ehe mit C.S. Lewis
176 Seiten

12362 Rhona Prime
Der Spion, den ich liebe
Ein Tatsachenbericht
160 Seiten. 3. Auflage

12365 Hanna Ahrens
Das Herz hergeben
oder: Wie Leben gelingen kann
112 Seiten. 2. Auflage

12366 Hans Kanitz
Neuer Raum im Haus des Lebens
Wenn wir älter werden
80 Seiten

12377 Michael Dieterich
Depressionen
Hilfen aus biblischer und psychotherapeutischer Sicht
72 Seiten. 2. Auflage

12388 Hans Kanitz
Die Sonne im Korb
Allerlei Mutiges für den Alltag
120 Seiten. 2. Auflage